MARGUERITE DURAS E OS POSSÍVEIS DA ESCRITURA: A INCANSÁVEL BUSCA

MARGUERITE DURAS E OS POSSÍVEIS DA ESCRITURA: A INCANSÁVEL BUSCA

ANDRÉA CORREA PARAISO

Editora UNESP

Direitos de publicação reservados à:
Fundação Editora da UNESP (FEU)
Praça da Sé, 108
01001-900 – São Paulo – SP
Tel.: (0xx11) 3242-7171
Fax: (0xx11) 3242-7172
Home page: www.editora.unesp.br
E-mail: feu@editora.unesp.br

Dados Internacionais de Catalogação na Publicação (CIP)
(Câmara Brasileira do Livro, SP, Brasil)

Paraiso, Andréa Correa

Marguerite Duras e os possíveis da escritura: a incansável busca / Andréa Correa Paraiso – São Paulo: Editora UNESP, 2002 – (PROPP)

Bibliografia.

ISBN 85-7139-382-6

1. Duras, Marguerite, 1914-1996 – Crítica e interpretação I. Título. II. Série.

01-6525 CDD-840.9

Índice para catálogo sistemático:

1. Literatura francesa: História e crítica 840.9

Este livro é publicado pelo projeto *Edições de Textos de Docentes e Pós-Graduados da UNESP* – Pró-Reitoria de Pós-Graduação e Pesquisa da UNESP (PROPP) / Fundação Editora da UNESP (FEU)

Editora afiliada:

Asociación de Editoriales Universitarias de América Latina y el Caribe

Associação Brasileira de Editoras Universitárias

A Amauri e Maria José.

Oxalá existisse algum livro eterno ...
orientado para todas as horas do mundo.
Teus livros preferidos, leitor, são como
rascunhos desse livro sem leitura final.

Jorge Luis Borges

SUMÁRIO

APRESENTAÇÃO

Escritora, dramaturga, roteirista, membro da Resistência durante a Segunda Guerra Mundial, Marguerite Duras foi uma das figuras mais interessantes da intelectualidade francesa no século XX. Polêmica, ousada e inovadora, produziu uma obra capaz de agradar a um só tempo o público comum (vide os elevados índices de venda atingidos por *L'amant*) e uma elite de iniciados nas questões literárias. Mesclando características do romance, do cinema e do teatro, rompendo a ilusão referencial e focalizando os processos de construção do sentido, os escritos de Marguerite Duras situam-na entre os grandes renovadores da narrativa da segunda metade do século passado. Sua extensa obra fornece elementos para reflexão sobre muitos dos temas mais freqüentemente abordados pela teoria e pela prática literárias das últimas décadas.

Ler Marguerite Duras é penetrar em um mundo de experiências narrativas, de múltiplas possibilidades da palavra, de motivos insistentemente repetidos, de histórias recomeçadas e recriadas. Seus escritos são voltas de uma trajetória em espiral. Duras narra como se perseguisse um texto ideal, absoluto, implícito, que se reflete e se realiza de maneira diferente em cada texto concreto que ela produz. E a procura desse texto ideal, ou da própria escritura, é constante e incansável. Feita de retornos e reconstruções, a busca durassiana é infinita...

A escolha da obra de Marguerite Duras como objeto de estudo deve-se justamente a esse seu caráter de busca incessante, de experimentação, que renova a narrativa ao questionar os processos enunciativos que a compõem. Ao narrar obsessivamente e de diferentes maneiras o mesmo episódio, Duras reflete e leva a refletir sobre o ato de escrever, pondo em foco os papéis do autor e do leitor, do narrador e do narratário.

O caminhar de Marguerite Duras pela palavra convida a persegui-lo. O fascínio e a obsessão, palavras-chave dessa obra que contempla o fazer artístico, transmitem-se ao leitor que, fascinado ele próprio, aventura-se a percorrer as trilhas de reescritura que se desenham no universo durassiano.

Este livro não tem a pretensão de abordar a totalidade da vasta produção de Marguerite Duras, tampouco se propõe a simplificar a riqueza de seus aspectos. O que se realiza aqui é uma escolha de leitura desse universo fascinante e obsessivo, por meio de uma linha que une *Un barrage contre le Pacifique* (1950), *L'Éden cinéma* (1977), *L'amant* (1984), e *L'amant de la Chine du Nord* (1991) em um só tecido.

Un barrage contre le Pacifique contém, em germe, os livros posteriores. É começo, origem, início de construções muitas vezes recomeçadas, retraçadas – não de barragens, mas de textos. Em *L'Éden cinéma* é reescrita a história de *Un barrage*, enfocando a criação artística por meio de linguagens que se interpenetram. A enunciação desnuda-se, revelando-se mais importante do que os acontecimentos em si. *L'amant* constitui o ponto-chave na reescritura que cria o autobiográfico. *L'amant de la Chine du Nord*, apresentando-se como reescritura explícita de *L'amant*, vem integrar esse conjunto de textos que reinterpretam vida e ficção.

Optou-se pelo estudo desses quatro textos por pertencerem todos a um mesmo ciclo de reescritura (narram um mesmo período) e por serem representativos da grande busca empreendida pela obra durassiana. Por meio da reescritura que ordena os elementos autobiográficos, da memória que evoca tanto os fatos quanto a narração deles, da diluição das fronteiras entre os gêneros, da revelação da consciência do fazer artístico, delineia-se entre esses quatro livros um caminho que resume o gesto de escritura de Marguerite Duras.

A abordagem divide-se em duas partes. A Parte I focaliza a dissolução das fronteiras de gêneros e volta-se, de modo especial, para *Un barrage contre le Pacifique*, *L'Éden cinéma* e *L'amant de la Chine du Nord*, textos em que as linguagens do teatro, do cinema e do romance entrecruzam-se de modo expressivo e original, construindo juntas o sentido. A narrativa realiza-se sob suas muitas formas, congregando-as e rompendo os limites entre elas. Na incansável busca durassiana, romance, peça teatral, filme ou a combinação de todos esses meios de expressão são algumas das possibilidades de narrar a mesma história, alguns dos muitos possíveis da escritura.

A Parte II deste livro mostra outro tipo de ruptura de fronteiras, dessa vez entre autobiografia e ficção. O caráter autobiográfico que muitos apontam nos textos de Marguerite Duras é analisado como efeito de sentido produzido no e pelo discurso. Partindo de *L'amant*, focaliza-se a ambigüidade da confissão pessoal, demonstrando o quanto vida e ficção podem estar imbricadas e destacando a autobiografia como mais um dos gêneros cujos limites são transgredidos pela escrita inovadora e metaficcional de Marguerite Duras.

A reescritura, o caminhar espiralado, vem sendo a base de nossa abordagem: em um primeiro momento, a reescritura que reúne linguagens de diversos gêneros, recriando a mesma história com diferentes meios de expressão; depois, a reescritura que subverte os discursos autobiográfico e ficcional provocando novamente a reflexão sobre a composição da narrativa. Finalmente, no último capítulo do livro, analisa-se a reescritura que cria a imagem de seu próprio sujeito, um *eu/ela* fragmentado nos muitos textos. Aventurando-se pela construção do sujeito, toca-se, pois, em uma das questões mais recorrentes nas discussões sobre a arte do século XX.

O caminho que ora propomos é apenas um entre os muitos que podem ser percorridos na ficção de Marguerite Duras, apenas uma das múltiplas possibilidades de leitura da arte de nosso tempo.

PARTE I

I A DILUIÇÃO DAS FRONTEIRAS DE GÊNEROS

A INCANSÁVEL BUSCA DA ESCRITURA

Obsessão. Fascínio. Perseguição. Busca. Qual dessas palavras poderia resumir a escritura de Marguerite Duras? Talvez todas elas, ou talvez nenhuma; é difícil encontrar um termo único que defina essa "ocupação trágica", essa atividade ligada à própria vida:

> Y. A.: Sua preocupação?
>
> M. D.: Escrever. Uma ocupação trágica, isto é, relativa ao fluxo da vida.[1] (*CT*, p.11)

Vida. Talvez seja esse o vocábulo mais adequado para fazer referência à obra de Marguerite Duras. Ofício que povoa uma vida:

---

1 *Y. A.: Vous vous préoccupez de quoi?*
M. D.: D'écrire. Une occupation tragique, c'est à dire, relative au courant de la vie.
As citações das obras de Marguerite Duras, bem como alguns textos teóricos em nossa argumentação foram por nós traduzidos livremente. As abreviaturas empregadas para as obras de Duras são as seguintes: *A, L'amant; ACN, L'amant de la Chine du Nord; BCP, Un barrage contre le Pacifique; CT, C'est tout; E, Écrire; EC, L'Éden cinéma.*

"Toda uma vida eu escrevi" (CT, p.38); "Quando escrevo tenho a mesma loucura que na vida" (*CT*, p.24).[2] Metáfora de vida. Vida que se transforma em escritura. Escritura que é a própria vida. Em Duras, o fluxo da criação acompanha o fluxo da existência; a busca incansável do fazer ficcional não cessa, o recomeçar é constante:

> Eu posso tudo recomeçar.
> A partir de amanhã.
> A todo momento.
> Recomeço um livro.
> Escrevo.
> E eis![3] (*CT*, p.37)

O último livro data de setembro de 1995, seis meses antes da morte da escritora, em março de 1996. E antes que se dissesse "*C'est tout*", um imenso caminho de reescritura, de construção e reconstrução foi percorrido.

Marguerite Duras nasce Marguerite Donadieu aos 4 de abril de 1914, na Indochina, então colônia francesa, atual Vietnã. Aí passa a infância e a adolescência, transferindo-se para a França aos dezessete anos. O pseudônimo Duras, adotado mais tarde, já no decurso da carreira literária, viria do nome de uma cidadezinha ao norte da França, próxima ao lugar onde nascera o pai da escritora.

Já na França, Marguerite Duras estuda Direito e Matemática. Ainda jovem, passa a dedicar-se à literatura.

Durante a Segunda Guerra Mundial, ela participa do grupo de Resistência liderado por François Miterrand. Anos mais tarde, em 1985, viria a publicar *La douleur*, texto que relata esse período, enfocando a prisão e o envio de seu então marido, Robert Antelme, a um campo de concentração nazista.

---

2 *Toute une vie j'ai écrit* e *Quand j'écris je suis de la même folie que dans la vie*, respectivamente.

3 *Moi, je peux tout recommencer.*
Dès demains.
À tout moment.
Je recommence un livre
J'écris.
Et hop, voilà!

Em 1947, nasce seu único filho, Jean Mascolo, de seu casamento com Dyonis Mascolo. No mesmo ano, Duras adere ao Partido Comunista, do qual viria a desligar-se posteriormente.

Revolucionária, Marguerite Duras sempre rejeitou todo o tipo de dogmatismo, reivindicando o direito à contradição. Em maio de 1968, ela participa do Comitê de Ação Estudantes-Escritores.

Alcoólica, passa por diversos tratamentos de desintoxicação, durante os quais conta com o apoio de Yann Andréa, companheiro da escritora até a morte dela, em 3 de março de 1996.

A carreira literária inicia-se com uma decepção: em 1941, um primeiro manuscrito, *La famille Tanéran*, é recusado por um editor. A autora, no entanto, continua a escrever, e a publicação do primeiro romance, *Les impudents*, acontece dois anos mais tarde, marcando o início de uma obra vasta e diversificada, que passeia entre o teatro, o cinema e o romance.

Os primeiros livros seguem ainda a linha do romance tradicional, apresentando lugares definidos, cronologia e memória lineares. Mas já deixam transparecer alguns temas do universo durassiano: amor e ódio familiares, loucura, morte. Denotam a influência de escritores norte-americanos, como Hemingway, Steinbeck e Faulkner. Leyla Perrone-Moisés, em artigo para o jornal *Folha do S.Paulo* em 4 de março de 1996, refere-se a esse primeiro momento da produção de Marguerite Duras como *fase realista*, por ser predominantemente narrativa, com personagens representativas do comportamento social e psicológico de sua época.

Em 1950, ainda conservando as características realistas dos dois romances anteriores, surge *Un barrage contre le Pacifique*, primeiro livro de grande sucesso de Marguerite Duras. Representa um marco, uma vez que coloca em cena, pela primeira vez, personagens e episódios que se repetiriam significativamente em obras posteriores da autora. A narrativa é centrada em uma personagem chamada apenas de *mãe*, que, ainda jovem, deixa a França para trabalhar como professora na Indochina. Casa-se e tem dois filhos: Suzanne e Joseph. Viúva, tem de trabalhar também como pianista em um cinema: o *Éden cinéma*. Investe todas as suas economias em uma concessão de terras que obtém do governo da colônia. As terras, porém, revelam-se incultiváveis: no mês de julho, época de maré alta, as águas do oceano invadem-nas, destruindo qualquer plantação que possa ser feita. Inconformada, a mãe passa a vida a lutar contra a injustiça de que foi vítima, construindo barragens contra o Pacífico. As barragens sucumbem à força das águas, mas a mãe as reconstrói incansavelmente. O livro pode ser visto como metafórico, premonitório: antecipa o que viria a ser a trajetória do fazer metaescritural de Marguerite Duras – construir, reconstruir, escrever, reescrever. *Un barrage* é a primeira aparição de uma história muitas vezes retomada, reescrita, recomeçada. É início, origem, infância da vida e da obra:

> Y. A.: Seu preferido absolutamente?
>
> M. D.: *Le Barrage*, a infância.[4] (*CT*, p.10)

Como afirma Marie-Thérèse Ligot (1992, p.14), *Un barrage* é o primeiro texto em que aparecem claramente os lugares de origem e em que a mãe é figura central. É o começo de uma caminhada, de uma grande busca:

> A confrontação entre *Un barrage* e os livros mais recentes de Marguerite Duras (em particular *L'amant* e *L'amant de la Chine du Nord*, que contam o mesmo período de sua vida) esclarecem a importância de *Un barrage* como texto fundador de um gesto de escritura que navega permanentemente entre a problemática da autobiografia ... e o trabalho sobre os dados primordiais da imaginação. (Ligot, 1992, p.16)

É ainda em *Un barrage contre le Pacifique* que é narrada, pela primeira vez, a história da mendiga indiana. Com uma criança, sua filha, a mendiga caminha rumo a Calcutá. Ao passar pelo Mékong, dá sua criança a uma mulher branca (a mãe, personagem central de *Un barrage*). Explica o quanto a criança atrapalha sua caminhada em direção ao norte e diz que, embora a ame muito, não pode levá-la. Doente, a criança morre pouco tempo depois. Esse episódio, várias vezes retomado em livros ulteriores da escritora, constitui,

---

4 *Y. A.: Votre livre préféré absolument?*
M. D.: Le Barrage, *l'enfance.*

segundo Madeleine Borgomano (1981), uma "célula geradora" da obra de Marguerite Duras.

A partir de *Moderato cantabile*, de 1958, a escrita de Marguerite Duras começa a modificar-se. O cenário passa a ser representado apenas por raras descrições, e o enredo torna-se mais conciso, caminhando para o despojamento. Leyla Perrone-Moisés (1996) caracteriza esse momento da produção durassiana como *fase do Nouveau Roman* (Novo Romance), aí incluindo também *Le square*, de 1955. De fato, é possível reconhecer nas obras de Duras traços da "escola do olhar" (como a batizou François Mauriac), tais como a preocupação com a própria escritura, a repetição voluntária e a ruptura da ilusão referencial. Esses traços podem ser observados em diferentes momentos da produção da autora, embora os pontos de convergência mais evidentes com o Novo Romance concentrem-se em uma fase determinada. Patrícia Lassine chama a atenção para uma das mais relevantes características comuns a Duras e aos novos romancistas:

> Todos representam a realidade baseando-se na mobilidade focal do escritor (dizer que vê é ser visto vendo). Essa representação da representação leva-os a considerar a multiplicidade aos possíveis do real, ainda que contraditórios.[5] (1986, p.11)

É perigoso, entretanto, situar categoricamente Marguerite Duras no grupo de Robbe-Grillet, Michel Butor, Jean Ricardou e Nathalie Sarraute, uma vez que a própria escritora jamais aceitou o rótulo de novo-romancista: "Duras, no entanto, evoluirá à margem do grupo, recusando ser assimilada a ele" (Lassine, 1986, p.11-2).

Em 1971, realiza-se o Colóquio de Cérisy sobre o Novo Romance. Deveriam tomar parte todos os que se sentissem implicados. Marguerite Duras recusa-se a participar, o que reafirma o seu não-comprometimento com o grupo, apesar dos muitos traços comuns no que se refere à escritura.

---

5 *Tous représentent la réalité en se basant sur la mobilité focale de l'écrivain (dire qu'on voit, c'est être vu voyant). Cette représentation de la représentation les engage à envisager la multiplicité des possibles du réel, même contradictoires.*

Maria Cecília de Moraes Pinto distingue três grandes fases no percurso de Duras: a *fase realista*, até 1958; a *fase do Novo Romance*, que se estenderia até 1980; e a fase *pós-moderna*. Mas esclarece que "a questionável inclusão de Marguerite, no grupo dos novos romancistas, refere-se a um momento cuja tônica reside na progressiva rarefação do texto" (1996b, p.155).

Em 1959, Duras escreve o roteiro de *Hiroshima mon amour*, filme dirigido por Alain Resnais. Experimenta, assim, uma nova forma de escritura, uma nova linguagem – a do cinema. Explora a técnica da evocação, que será utilizada em grande parte dos seus trabalhos posteriores.

Com *Le ravissement de Lol V. Stein*, de 1964, as obras de Duras começam a apresentar uma pluralidade de vozes, deixando ao leitor a incumbência de reconstituir a história. Há passagens contínuas do passado ao presente, explorando as reviravoltas da memória. Motivos obsessivos estão presentes, como a figura de Anne-Marie Stretter. Para Leyla Perrone-Moisés, seria a *fase romanesca*, em que o realismo dá lugar a fantasias que se apóiam em situações raras.

Em *Le vice-consul* (1965), ressurge a mendiga indiana, agora como tema central. Sua história toma a forma de narrativa metadiegética, escrita por uma personagem do livro, Peter Morgan. Madeleine Borgomano (1981) agrupa *Le vice-consul, India song* e *L'amour* em um mesmo ciclo, que ela chama de "ciclo da mendiga".

Em 1969, com *Détruire, dit-elle*, Duras afirma, como mostra P. Lassine (1986, p.18), a destruição do gênero romanesco e de qualquer gênero. Tudo é construído segundo a destruição das convenções e da evidência. Os textos durassianos vão se tornando cada vez mais rarefeitos, traços que se acentuam consideravelmente em *L'amour*, de 1971, texto em que três personagens erram pela praia de S. Thala.

Na década de 1970, Marguerite Duras dedica-se ao cinema, escrevendo roteiros, adaptando obras suas e dirigindo filmes. Entre suas obras cinematográficas, merece maior destaque *India song*, de 1975, que se utiliza da duplicação de imagens em espelhos, o que dá à cena, segundo P. Lassine (1986, p.20), uma realidade ilusória, quase imaginária.

Leyla Perrone-Moisés chama de *escritural* a fase que inclui os filmes e livros da segunda metade da década de 1970 e início da de 1980. Nessas obras se observam a duração psicológica e a ausência de acontecimentos, procedimentos que, aliás, também estavam presentes nas propostas dos novos romancistas. O termo *escritural*, empregado por Leyla Perrone-Moisés, concerne, obviamente, à escritura, ao trabalho com a palavra. A questão que se faz é se seria possível falar em escritural na obra de Duras apenas em relação a uma fase determinada. Embora a ausência de acontecimentos possa ressaltar ainda mais o processo de enunciação nesse momento específico, não se pode negar a importância crucial da elaboração da escritura em toda a produção durassiana. O conjunto da obra poderia ser classificado de escritural.

L'Éden cinéma, de 1977, retoma, em forma de teatro (há outras linguagens implicadas, conforme se verá adiante), a história narrada em *Un barrage contre le Pacifique*. O enfoque, no entanto, recai sobre a construção da ficção. Mesmas personagens, mesmos lugares, mesmas situações. Nova ótica, nova forma de narrar. A mesma história é recriada com outras linguagens, *reescrita*. Aliás, *reescritura* é uma das palavras-chave da obra de Marguerite Duras. Personagens, épocas, histórias passeiam de um livro a outro, passam do livro à peça teatral e ao filme. Motivos são repetidos, episódios e personagens são recriados.

A publicação de *L'amant*, em 1984, inaugura, segundo Leyla Perrone-Moisés (1996), a *fase transparente* da escritora. Maria Cecília de Moraes Pinto situa *L'amant* em uma fase da produção durassiana que classifica como *pós-moderna* e que tem início com as obras do começo da década de 1980. Os textos desse período caracterizam-se por uma maior comunicabilidade, por um "retorno à narrativa". Todavia, "sob a aparente 'facilidade' persiste a escritura de destruição, vazio, ambigüidade" (Pinto, 1996b, p.156).

Com *L'amant*, Duras obtém o prêmio Goncourt de 1984 e bate recordes de venda, caindo no domínio do grande público e perdendo parte de sua reputação de escritora hermética, difícil. Mas, retomando o trecho citado antes, a facilidade é apenas aparente. *L'amant* é, na verdade, um texto de grande qualidade literária, que permite diferentes recortes. Pode ser lido em vários níveis e por públicos diferentes: pode-se ler *L'amant* apenas pelo interesse que desperta a história de amor com aspectos autobiográficos, e pode-se lê-lo pelo trabalho com a escritura, enxergando nele um passo a mais na incansável busca da palavra em que se constitui a obra de Duras. É possível afirmar que as décadas de 1960 e 1970 assistiram a uma elitização da literatura. Os novos romancistas preocupavam-se sobretudo com a forma, o que fez que seus escritos fossem se restringindo cada vez mais a um público iniciado. Também os textos de Marguerite Duras foram se tornando cada vez mais herméticos e, conseqüentemente, de difícil acesso ao leitor comum. A partir da década de 1980, há um retorno ao *contar histórias*. Escrevem-se narrativas que podem ser lidas tanto por um público que busca apenas diversão e não está preocupado em refletir sobre questões literárias, como por um público mais atento, que atingirá níveis mais profundos de leitura.

Jean-Marc Talpin (1994, p.119) situa *L'amant* em um conjunto que se nutre de uma veia autobiográfica. É narrado em primeira pessoa por um *eu* feminino que se volta para o próprio passado, destacando, principalmente, o período de sua adolescência. A narradora relata o envolvimento amoroso que teve aos quinze anos de idade com um chinês mais velho e mais rico. São figuras importantes a mãe e os dois irmãos da narradora/personagem – o mais novo, amado, com o qual chega a insinuar-se uma relação incestuosa, e o mais velho, odiado. Inúmeros elementos das obras anteriores, em especial de *Un barrage contre le Pacifique*, estão presentes em *L'amant*. A reescritura torna-se explícita e coloca livros anteriores num mesmo ciclo de textos produzidos por um sujeito que rememora fatos. Trata-se, segundo Aliette Armel (1996), de um texto que, pela primeira vez, reúne em torno de um fio condutor diretamente ligado à vida da autora tudo o que estava espalhado de livro em livro. Abre uma perspectiva nova em relação ao conjunto da produção de Duras. Ainda segundo A. Armel, "*L'amant* aparece como um livro autobiográfico em que uma autora ao mesmo tempo conhecida e misteriosa entrega-se enfim à confidência sobre um passado familiar e amoroso pouco comum" (p.13). O aspecto autobiográfico, contudo, apresenta-se carregado de ambigüidade, e deve ser compreendido como um efeito de sentido produzido pela escritura.

L'amant de la Chine du Nord surge, em 1991, após a polêmica que opôs Marguerite Duras e o cineasta Jean-Jacques Annaud, quando da realização do filme *L'amant*. A reescritura manifesta-se abertamente desde o título. A história de *L'amant* é retomada, recriada, corrigida, *reescrita*. Inserindo-se num ciclo de reescritura que une *Un barrage contre le Pacifique*, *L'Éden cinéma* e *L'amant*, *L'amant de la Chine du Nord* declara-se romance mas se aproxima do roteiro cinematográfico, o que evidencia a fluidez da fronteira entre os gêneros, traço característico em Duras, cuja obra não permite falar em definição genérica.

A partir de 1992, a escritora dedica-se a textos curtos, nos quais, segundo Aliette Armel (1996, p.12), a vida apresenta-se como o cotidiano do amor e da escritura.

Após sair de um longo período de coma, Duras escreve *Écrire* (1993), que, como o próprio título sugere, fala da escritura, mas também da vida, rememora não apenas o viver, mas o viver a escrever. Tece considerações sobre a escritura como salvação: "Encontrar-se em um buraco, no fundo de um buraco, em uma solidão quase total e descobrir que só a escritura o salvará" (*E*, p.20).[6]

C'est tout, o último livro, promove a fusão total entre vida e escritura. Concebido em forma de diálogo com Yann Andréa, companheiro de Duras, o texto reflete sobre a vida e sobre a obra, sobre a vida a produzir literatura:

> Y. A.: Quem é você?
> M. D.: Duras.
> Y. A.: Ela faz o quê, Duras?
> M. D.: Ela faz literatura.[7] (*CT*, p.26)

Até o último livro, o constante recomeçar, reescrever. Assim é a obra de Marguerite Duras. Quem a lê, tem a impressão de não

6 *Se trouver dans un trou, au fond d'un trou, dans une solitude quasi totale et découvrir que seule l'écriture vous sauvera.*

7 *Y. A.: Vous êtes qui?*
M. D.: Duras, c'est tout.
Y. A.: Elle fait quoi, Duras?
M. D.: Elle fait la littérature.

estar diante de vários livros, mas dos muitos possíveis de um mesmo livro. Reescritura, recriação, reconstrução. A produção durassiana vai descrevendo, a cada texto, uma trajetória rumo à arte da palavra, à escritura. Alain Vircondelet compara a marcha de Duras ao trabalho do tecelão:

> Essa marcha, eu a vejo comparável ao trabalho do tecelão mais uma vez tecendo sua tapeçaria, trabalho metafísico por excelência, na repercussão dos mesmos motivos ... Como se, a ela, fosse feita essa exigência, a da dor sempre recomeçada. (1994, p.284)

Reflexão sobre o fazer artístico, escritura que persegue a própria escritura. Olhar isoladamente para um filme, uma peça teatral, um livro de Duras, é empobrecer esse conjunto coeso de reescritura, de busca incessante.

O universo durassiano, espaço de fascínio e obsessão pela palavra, é construído pelo entrecruzamento de muitas linguagens, pela fusão de vários gêneros. Teatro, cinema e romance são algumas das maneiras de narrar, algumas das possibilidades do dizer que integram a grande busca em que se constitui a produção de Marguerite Duras.

UN BARRAGE CONTRE LE PACIFIQUE: ESTRUTURA EM CENAS

Quando alguém depara com um texto com o intuito de estudá-lo, há uma tendência própria do estudioso de literatura que o faz tentar classificar esse texto segundo um determinado gênero. Logo procura na contracapa indicações como *romance*, *teatro*, *poesia* etc. E estas, quando existem, acabam por orientar a leitura, gerando no leitor certas expectativas. Gérard Genette, referindo-se a essas indicações genéricas, ressalta o seu caráter intencional e oficial:

> A indicação genérica é um anexo do título mais ou menos facultativo e mais ou menos autônomo segundo as épocas ou os gêneros, e por definição remática, uma vez que destinada a dar a conhecer o estatuto genérico intencional da obra que segue. Esse estatuto é oficial, pois é o que o autor e o editor querem atribuir ao texto. (1987, p.89-90)

A indicação genérica, segundo Genette, é recebida pelo público como uma intenção ou uma decisão do autor ou do editor.

E quando as indicações genéricas inexistem? Como direciona o leitor, sedento de classificações, suas expectativas a respeito da obra sem as rubricas *poesia*, *romance*, *ensaio*? E quando essas indicações existem, será que elas realmente correspondem às características do texto? Não se deve perder de vista o fato de que elas exprimem uma intenção ou uma decisão do autor e, assim, relacionando-se à obra, podem servir tanto para orientar o leitor como para surpreendê-lo, perturbá-lo, levá-lo a refletir.

Havendo ou não uma definição na contracapa, o leitor e, principalmente, o estudante de literatura, geralmente tenta enquadrar o que lê nas características de um determinado gênero. Mas será que é mesmo possível reduzir um texto a uma distinção genérica? Não haveria elementos dos diferentes gêneros coexistindo num mesmo texto?

Dominique Maingueneau, em seu livro *Pragmática para o discurso literário* (1996), assinala que o público estrutura suas expectativas de acordo com o gênero diante do qual está; tais expectativas derivam de um contrato tácito firmado pelo autor. Maingueneau explica, no entanto, que os gêneros não são bastantes para definir todos os contratos possíveis da literatura, pois as obras podem estabelecer contratos singulares. Distinguem-se, assim, três tipos de obras:

> – as que se inscrevem exatamente nos limites de um gênero;
> – as que brincam com os contratos genéricos (misturando muitos gêneros, submetendo-se a eles de maneira irônica, parodiando-os...);
> – as que se apresentam fora de qualquer gênero, isto é, pretendem definir um pacto singular. (1996, p.140)

A produção artística de Marguerite Duras parece inscrever-se nessa última categoria de obras. Tentar enquadrar um texto da escritora nos limites rígidos de um determinado gênero é trabalho infrutífero, fadado ao fracasso. A obra de Duras é uma constante busca da escritura, e essa busca não se restringe ao romanesco, ao cinematográfico ou ao teatral, mas une todos eles, fundindo-os e confundindo-os por meio e em proveito da palavra.

Além de histórias e personagens que passam de romances para peças teatrais e filmes, são vários também os exemplos, em Duras, de textos que mesclam as linguagens do cinema, do teatro e do romance. Limitaremos nossa abordagem aos livros que são objeto deste trabalho, entre os quais têm particular importância quanto ao aspecto estudado neste capítulo *L'Éden cinéma* e *L'amant de la Chine du Nord.*

O que se pretende fazer aqui não é, de forma alguma, descobrir os limites de cada gênero nos textos durassianos. O que se busca neste capítulo é justamente o contrário: mostrar que Marguerite Duras entrecruza linguagens diferentes, elaborando textos que não se deixam classificar segundo rótulos como *romance*, *roteiro cinematográfico*, *peça teatral*. Não importam definições ou delimitações tipológicas. O que importa é a palavra; nos diferentes meios de expressão, o que a reescritura incessante persegue é a palavra construindo o sentido.

Elementos do teatro, do romance e do cinema surgem num mesmo texto, trabalhados de maneira a compor uma linguagem ao mesmo tempo única e mista, multiforme e uniforme. Multiforme porque reúne diversos meios de expressão. Uniforme porque esses meios diversos encontram-se de tal forma entrelaçados que se torna impossível vislumbrar as fronteiras entre eles; o sentido só se constrói pela diluição de tais fronteiras. Na incansável tarefa de construir e reconstruir, de escrever e reescrever, a obra de Duras reúne vários gêneros ao mesmo tempo que escapa a qualquer deles. *Un barrage contre le Pacifique*, um dos primeiros livros de Marguerite Duras, embora em uma fase da produção da autora que se aproxima do romance tradicional, já deixa entrever elementos que lhe dão um certo caráter visual. Esse "romance" de 1950 não pode ser chamado tão categoricamente de romance e constitui um dos primeiros exemplos da fusão de linguagens que estamos estudando neste capítulo.

A história da mãe a construir barragens contra o Pacífico é narrada em terceira pessoa. Ocorre, nos termos da semiótica greimasiana, uma *desembreagem*[8] *enunciva.* A desembreagem, segundo

8 Vários autores brasileiros utilizam o termo *debreagem*, mais próximo do vocábulo francês *débrayage*. Optamos por empregar a palavra aportuguesada *desembreagem*, como o faz Diana Luz Pessoa de Barros em obras citadas neste trabalho.

Diana Luz Pessoa de Barros, é a operação pela qual "a enunciação projeta, para fora de si, os actantes e as coordenadas espacio-temporais do discurso, que não se confundem com o sujeito, o espaço e o tempo da enunciação" (1990, p.54). Nessa operação são tratadas as categorias da pessoa, do espaço e do tempo. A desembreagem actancial explora a categoria da pessoa, e pode ser definida como "a projeção de um não-eu do enunciado, distinto do eu da enunciação" (1985, p.132). A categoria da pessoa articula-se, segundo Benveniste (1974), em pessoa (*eu/tu*) e não-pessoa (*ele*). Em decorrência disso, é possível falar em dois tipos de desembreagem actancial: *desembreagem enunciativa*, que ocorre em enunciados decorrentes da projeção do *eu/tu*, e *desembreagem enunciva*, que ocorre em enunciados resultantes da projeção do *ele*.

Em *Un barrage*, é claro o emprego da terceira pessoa desde o início do texto: "Tinha parecido a todos os três que era uma boa idéia comprar aquele cavalo" (p.13).[9]

Não há um narrador-personagem, que diga *eu* e que participe dos acontecimentos narrados. Todavia, o olhar sob o qual a história é narrada pode ser o das personagens. Marie-Thérèse Ligot afirma que "a narração se esforça em *Un barrage* para relacionar estreitamente os dois princípios de toda narração: o olhar de um narrador exterior à ação, e o olhar de um narrador em simpatia com suas personagens" (1992, p.132).

José Luiz Fiorin, ao tratar da categoria da pessoa no discurso, chama a atenção para as instâncias de quem fala na narrativa e de quem vê. E retoma Fontanille, explicando a diferenciação entre *narrador* e *observador*: "Se distinguem na enunciação uma dimensão cognitiva e uma pragmática, sendo esta concebida pura e simplesmente como a verbalização. O observador ocupa-se daquela e o narrador, desta" (1996, p.195). Fiorin esclarece que a razão de separar essas instâncias é que "o saber a respeito dos acontecimentos pode variar ao longo da narrativa, mesmo sendo encarregado dela um único narrador" (p.105). Narrador e observador podem estar em sincretismo, mas suas funções são diferentes: a do primeiro

---

9 *Il leur avait semblé à tous les trois que c'était une bonne idée d'acheter ce cheval.*

é falar, a do segundo, ver, ouvir. O observador seria a perspectiva que orienta a narrativa. Levando em conta conceitos de Jean Pouillon e de Gérard Genette sobre a focalização, Fiorin fala em *observador com focalização parcial* e *observador com focalização total*. O segundo caso refere-se ao observador onisciente, e o primeiro caso comporta dois tipos: *observador com focalização interna* (a cena é compreendida a partir do ponto de vista de um actante da narrativa) e *observador com focalização externa* (são mostradas as ações das personagens, mas não os seus pensamentos e sentimentos).

No caso de *Un barrage contre le Pacifique*, há momentos em que a focalização parece ser externa, e outros em que ela é claramente interna, organizando-se da perspectiva de personagens. Dizemos *personagens* e não *personagem*, porque a narrativa de *Un barrage* inscreve-se nos casos de focalização interna com observador variável, ou seja, o actante observador muda ao longo da narrativa. Há momentos em que o ponto de vista é de Joseph; outros, mais raros, em que o ponto de vista é o da mãe, e outros, muito mais freqüentes, em que a perspectiva é a de Suzanne. O narrador não participa dos fatos narrados, mas narra segundo *o saber*, *o ver* de vários observadores. Na passagem transcrita a seguir percebe-se a perspectiva, a visão da mãe:

> A mãe, por sua vez, olhou para a filha. À luz elétrica, as sardas de sua pele apareciam menos do que à luz do dia. Era com toda a certeza uma bela garota, tinha olhos luzidios, arrogantes, era jovem, no auge da adolescência, e não era tímida.[10] (*BCP*, p.42-3)

A frase "A mãe, por sua vez, olhou para a filha" revela que o que é dito a seguir está do ponto de vista da mãe. A mãe *olhou* para sua filha. É ela quem observa os olhos arrogantes, a beleza, a juventude. O discurso indireto livre demonstra a perspectiva da personagem.

10 *La mère à son tour regarda sa fille. À la lumière éléctrique ses taches de rousseur se voyaient moins qu'au grand jour. C'était sûrement une belle fille, elle avait des yeux luisants, arrogants, elle était jeune, à la pointe de l'adolescence, et pas timide.*

Nos trechos que seguem, o observador é Suzanne:

> Suzanne jamais havia encontrado alguém que fosse tão pouco educado como Joseph. Nunca se sabia, antes de conhecê-lo, em que tom falar-lhe, por que viés tomá-lo e como dissipar aquela brutalidade diante da qual os mais seguros perturbavam-se.[11] (*BCP*, p.308)

Marie-Thérèse Ligot (1992, p.133) atenta para uma certa dubiedade da posição do observador em *Un barrage*: em algumas passagens, sobretudo naquelas em que aparece o pronome *on*, o olhar está em coincidência com as personagens e, ao mesmo tempo, distanciado delas. Tal efeito se produz a partir dos muitos sentidos possíveis do pronome *on*, que pode significar qualquer pessoa em geral ou *vous + moi, vous + nous, eux + moi, eux + nous* (você(s) + eu, você(s) + nós, eles + eu, eles + nós). A narração situa-se, assim, numa certa *zona de ambigüidade*. O narrador, que em determinados momentos parece totalmente exterior aos acontecimentos narrados (como, por exemplo, na explicação que completa a história da mãe, no trecho que vai das páginas 22 a 30), surge, de repente, como que situado entre as personagens, por meio do emprego do pronome *on*. Embora não tenha um papel na história narrada, isto é, não seja também actante da narrativa, não se pode dizer que ele esteja totalmente alheio aos fatos que narra. Na passagem seguinte, o texto parece supor um narrador integrado ao grupo de personagens. Como a tradução, de uma forma ou de outra, eliminaria a ambigüidade do pronome *on*, empobrecendo o recurso utilizado na língua original, apresentamos aqui duas possibilidades de interpretação:

> A mãe o repreendia porque ele desperdiçava balas matando cervas que jogávamos no *rac* ao cabo de três dias. Mas Joseph não se podia resignar a voltar de mãos abanando da floresta. E fazíamos como se comêssemos as cervas, pendurávamo-las sob o bangalô e esperávamos que elas apodrecessem para jogá-las no *rac*. Todo mundo tinha

---

11 *Suzanne n'avait jamais rencontré quelqu'un qui fût aussi peu poli que Joseph. On ne savait jamais lorsqu'on ne le connaissait pas, sur quel ton lui parler, par quel biais le prendre et comment dissiper cette brutalité devant laquelle les plus sûrs se troublaient.*

> nojo de comê-las. Há algum tempo comíamos mais de bom grado aves de carne escura que Joseph matava na embocadura do *rac*, nos grandes pântanos que cercavam a concessão no caminho do mar.[12] (*BCP*, p.19)

> A mãe o repreendia porque ele desperdiçava balas matando cervas que eram jogadas no *rac* ao cabo de três dias. Mas Joseph não se podia resignar a voltar de mãos abanando da floresta. E fazia-se como se se comessem as cervas, penduravam-se-as sob o bangalô e esperava-se que elas apodrecessem para jogá-las no *rac*. Todo mundo tinha nojo de comê-las. Há algum tempo comiam-se mais de bom grado aves de carne escura que Joseph matava na embocadura do *rac*, nos grandes pântanos que cercavam a concessão no caminho do mar.

Esse mesmo pronome *on*, que em passagens como a citada parece integrar o narrador à narrativa, em outros momentos produz a impressão de que narrador e narratário estão em posição de observação dos acontecimentos narrados, como que espectadores da ação:

> A noite caíra completamente. Os camponeses continuavam lá, esperando que eles fossem embora para ir também. Ouvia-se sua doce gritaria vindo das choupanas.[13] (*BCP*, p.365)

"Ouvia-se." Quem ouvia? Narrador? Narratário? Essa passagem lembra uma cena que se pode ver e ouvir. O pronome *on* parece sugerir, nesse caso, um narrador que se coloca junto ao seu narratário, assistindo à cena narrada.

Marie-Thérèse Ligot (1992, p.138) assinala que a cena constitui o princípio organizador do texto de *Un barrage*. De fato, en-

---

12 *La mère l'engueulait parce qu'il gâchait des balles à tuer des biches qu'on jetait dans le rac au bout de trois jours. Mais Joseph ne pouvait pas se résigner à revenir bredouille de la forêt. Et on faisait toujours comme si on mangeait les biches, on les accrochait toujours sous le bungalow et on attendait qu'elles pourrissent avant de les jeter dans le rac. Tout le monde était dégoûté d'en manger. Depuis quelque temps on mangeait plus volontiers des échassiers à chair noire que Joseph tuait à l'embouchure de rac, dans les grands marécages qui bordaient la concession du côté de la mer.*

13 *La nuit était tout à fait venue. Les paysans étaient toujours là, attendant qu'ils s'en aillent pour s'en aller à leur tour. On entendait leurs doux piaillements sortir des cases.*

contra-se ao menos uma em cada capítulo. Os trechos que seguem são altamente visuais. As posições e os movimentos das personagens são descritos, mostrados:

> Suzanne estava sentada sob o bangalô, as costas contra o pilar. Levantou-se e aproximou-se do terrapleno, sem todavia sair da sombra. Joseph começou a desatrelar o cavalo. Ele sentia muito calor, e gotas de suor escorriam em sua face. Depois de tê-lo desatrelado, ele se afastou um pouco do cavalo e pôs-se a examiná-lo.[14] (*BCP*, p.15)

> A mãe atirou-se sobre a filha e tentou esbofeteá-la. Suzanne afastou-a e voltou a refugiar-se na sombra, sob o bangalô. A mãe pôs-se a lamuriar-se. O cavalo parecia agora ter as patas traseiras semiparalisadas. Ele não avançava. Joseph largou o cabresto com o qual tentava conduzi-lo e empurrou-o pela parte traseira. O cavalo avançou aos socos, sempre vacilante, até a rampa.[15] (*BCP*, p.17)

Marie-Thérèse Ligot associa as cenas de *Un barrage* à linguagem cinematográfica:

> Mas a freqüência das cenas faz pensar na sucessão dos planos cinematográficos: é na sucessão das imagens propostas à imaginação do leitor, e nas repetições "em refrão" de certos enunciados, que o texto encontra sua organização, seu ritmo próprio. (1992, p.139)

Já é perceptível, pois, num dos primeiros livros de Marguerite Duras, o cruzamento de linguagens diferentes compondo um texto que recorre a vários meios de expressão.

---

14 *Suzanne était assise sous le bungalow, le dos contre le pilotis. Elle se leva et s'approcha du terre-plein, sans toutefois sortir de l'ombre. Joseph commença à dételer le cheval. Il avait très chaud et des gouttes de sueur descendaient de dessous son casque sur ses joues. Une fois qu'il eut dételé, il s'écarta un peu du cheval et se mit à l'examiner.*

15 *La mère s'élança vers sa fille et essaya de la gifler. Suzanne l'esquiva et retourna se réfugier dans l'ombre, sous le bungalow. La mère se mit à geindre. Le cheval semblait maintenant avoir les pattes de derrière à demi paralysées. Il n'avançait pas. Joseph lâcha le licol avec lequel il essayait de l'entraîner et le poussa par le train arrière. Le cheval avança par secousses, toujours vacillant, jusqu'au talus.*

L'ÉDEN CINÉMA: DISCURSO TEATRAL E DISCURSO ROMANESCO

Já se falou neste trabalho a respeito da indicação genérica que um livro pode ou não conter e que, segundo Gérard Genette, traduz uma intenção ou uma decisão do autor ou do editor. Quando tal indicação existe, ela pode figurar, ainda segundo Genette, na capa, na página de títulos, ou então na lista das obras "do mesmo autor". Em seu livro *Palimpsestes* (1982), Genette aborda, entre outras relações de transtextualidade, a *arquitextualidade*. Trata-se de uma relação assinalada justamente por uma indicação paratextual (*romance*, *ensaio*, *poesia*...):

> Trata-se de uma relação totalmente muda, que articula, no máximo, uma menção paratextual (titular, como em *Poesias*, *Ensaios*, *O Romance da Rosa* etc. ou, mais freqüentemente, infratitular: a indicação *Romance*, *Narrativa*, *Poemas* etc., que acompanha o título na capa), de ordem puramente taxionômica. (1982, p.11)

O arquitexto remete ao gênero e é de grande importância sobretudo para as expectativas do leitor: "A percepção genérica, sabe-se, orienta e determina em larga medida o horizonte de expectativa do leitor, e portanto a recepção da obra" (p.11).

Nas listas das obras *do mesmo autor* que figuram nas páginas finais dos livros de Marguerite Duras, publicados pela Gallimard, POL e Éditions de Minuit, *L'Éden cinéma* aparece sempre seguido da indicação *teatro*. Tal definição genérica direciona de certa forma a leitura, orientando as expectativas do leitor para um determinado tipo de discurso, o discurso teatral. Mas será que é possível, em se tratando de Marguerite Duras, acreditar na predominância de um gênero? E o que é, afinal, o teatro? Quais as particularidades desse tipo de discurso? Tome-se a concepção de Roland Barthes, que vê o teatro como *máquina cibernética* que envia mensagens simultâneas e de diferentes ritmos:

> O que é o teatro? Uma espécie de máquina cibernética. Em repouso, esta máquina esconde-se por detrás de um reposteiro mas assim que fica a descoberto começa a enviar-nos mensagens. Essas mensagens têm de característico o fato de serem simultâneas e, toda-

via, terem diferentes ritmos; em determinada altura do espetáculo recebemos ao mesmo tempo seis ou sete informações (provenientes do cenário, da indumentária, da iluminação, da colocação dos atores, dos seus gestos, mímica, falas) mas algumas delas *permanecem* (como acontece com o cenário) enquanto outras se vão *modificando* (as palavras, os gestos); estamos, portanto, perante uma verdadeira polifonia informativa e é isto que constitui a teatralidade: uma *densidade de signos*. (apud Girard, Ouellet & Rigault, 1980, p.25)

A linguagem teatral compõe-se de diversos sistemas de signos (cenários, iluminação, vestuário, marcação, música etc.); o espetáculo utiliza-se de todos os sistemas de significação, empregando signos lingüísticos e não lingüísticos, apelando para o visual e para o auditivo e, algumas vezes, até mesmo para o tátil, o gustativo e o olfativo.

Tadeusz Kowzan (1978) observa que tudo pode ser considerado signo na representação teatral, da palavra à iluminação, do cenário aos ruídos. Anne Ubersfeld (1978) assinala que a representação constitui-se de um conjunto de signos verbais e não verbais. Toda mensagem teatral requer, para ser decodificada, uma multiplicidade de códigos (verbal, gestual, musical etc.), o que acaba por permitir que o espetáculo seja compreendido mesmo por aqueles que desconheçam alguns dos códigos.

Basta folhear *L'Éden cinéma* para perceber a teatralidade, a multiplicidade de signos que fazem que o texto contenha um espetáculo virtual. A própria disposição gráfica das palavras reforça a noção de que se trata de um texto de teatro. No entanto, uma leitura mais atenta da peça revela a presença de outras linguagens que, articuladas à linguagem teatral, constroem o sentido maior do texto. Não se pode falar com rigidez em gênero teatral. *L'Éden cinéma* é mais um passo na busca empreendida por Marguerite Duras, é mais uma das possibilidades da escritura. E no movimento de escrever e reescrever essas muitas possibilidades, os limites genéricos dissolvem-se.

Narrativa e teatro: o signo lingüístico

L'Éden cinéma retoma, como já dissemos, a história de *Un barrage contre le Pacifique*. Novamente a mãe, as terras incultiváveis, as barragens, Suzanne e Joseph.

O texto inicia-se com didascálias que dão indicações de cenário:

> A cena é um grande espaço vazio que envolve um outro espaço retangular.
>
> O espaço interior é o de um bangalô mobiliado com poltronas e mesas de estilo colonial...
>
> O espaço vazio ao redor do bangalô será a planície de Kam, no Alto Camboja, entre o Sião e o mar.[16] (*EC*, p.11)

As didascálias iniciais também fornecem indicações de marcação e apresentam as personagens que entram em cena:

> Pessoas chegam diante da cena fechada: a mãe, Suzanne, Joseph, o cabo.
>
> A mãe senta-se sobre um assento baixo e os outros agrupam-se em torno dela. Todos se imobilizam e permanecem assim, imóveis, diante do público – isso durante trinta segundos, talvez enquanto soe a música. Depois eles falam da mãe. De seu passado. De sua vida. Do amor por ela provocado.[17] (*EC*, p.12)

Em seguida, é anunciada uma narrativa, e são instituídos narradores: "O que poderia ser dito aqui o é diretamente por Suzanne e Joseph. A mãe – objeto da narrativa – não terá jamais a palavra sobre ela mesma" (*EC*, p.12).[18]

As didascálias iniciais revelam que haverá uma narrativa dentro do teatro e constituem Suzanne e Joseph narradores, ao esclarecer que tudo será dito por eles. O caráter metaficcional é claro já nesse início de texto. A mãe, objeto da narrativa, não tomará a palavra, permanecerá estática e calada, como que congelada. Os filhos começam a narrar; a primeira fala é de Joseph: "A mãe nascera

---

16 *La scène est un grand espace vide qui entoure un autre espace rectangulaire. L'espace entouré est celui d'un bungalow meublé de fauteuils et de tables du style colonial...*
L'espace vide autour du bungalow sera la plaine de Kam, dans le haut-Cambodge, entre le Siam et la mer.

17 *Des gens arrivent devant la scène fermée: la mère, Suzanne, Joseph, le Caporal. La mère s'assied sur un siège bas et les autres se groupent autour d'elle. Tous s'immobilisent et restent ainsi, immobiles, devant le public – cela pendant trent secondes peut-être pendant que joue la musique. Puis ils parlent de la mère. De son passé. De sa vie. De l'amour par elle provoqué.*

18 *Ce qui pourrait être dit ici l'est directement par Suzanne et Joseph. La mère – objet du récit – n'aura jamais la parole sur elle-même.*

no norte da França, nos Flandres franceses, entre a região de minas e o mar" (*EC*, p.12).[19]

Em seguida, soa uma música que ajuda a compor a história da mãe.

> Música.
>
> Eles esperam que passe o tempo da música. Esta música é também a história da mãe.[20] (*EC*, p.12-3)

A narrativa que surge dentro do teatro não se constrói apenas com as palavras de Suzanne e Joseph, mas também com a música, um sistema de signos do espetáculo muito importante em *L'Éden cinéma*. A música acompanha toda a história da mãe, ou, como as próprias didascálias anunciam, ela *é* a história da mãe. Conforme as personagens/narradoras vão contando a história, a música as vai acompanhando, oferecendo indicações sobre o que está sendo narrado:

> SUZANNE
>
> Na estação seca os trabalhos começaram. Três meses. A mãe descia com os camponeses...
>
> Música longa, plena, forte, como a própria esperança.[21] (*EC*, p.26-7)

No trecho acima, o signo musical reafirma o signo verbal, a música reforça o que está sendo narrado, narra também. Suzanne está dizendo que a mãe havia recomeçado os trabalhos da barragem contra o mar. A mãe estava, pois, esperançosa. E a música soa plena, forte, como a esperança.

A narrativa é toda acompanhada pela música; esta última ajuda a compor a ficção. Recorde-se a atividade que a mãe exercia no

19 *La mère était née dans le nord de la France, dans les Flandres françaises, entre le pays de mines et la mer.*

20 *Musique.*
Ils attendent que s'écoule le temps de la musique. Cette musique c'est aussi l'histoire de la mère.

21 *SUZANNE*
À la saison sèche les travaux commencèrent. Trois mois. La mère descendait avec les paysans...
Musique longue, pleine, forte, comme l'espoir même.

cinema: tocava piano. No cinema mudo, a música acompanhava o filme, ajudando a construir a narrativa cinematográfica. A linguagem musical tinha, no cinema, a mesma função que tem em *L'Éden cinéma*: narrar, ajudar a construir o sentido, auxiliar a edificação da ficção. O piano, outro signo do espetáculo (faz parte do sistema de signos *acessório*), juntamente com a música, constitui a imagem da história que se desenrola. A mãe representa a ficção, é o objeto da narrativa. Tocava o piano, e tocar o piano em *L'Éden cinéma* é edificar o sentido. O piano fechado simboliza a história terminada da mãe, narrativa do passado: "Volto ao Éden cinema. O piano está aí. Fechado" (*EC*, p.110).[22]

Nessa narrativa que Suzanne e Joseph vão fazendo dentro da peça teatral, há diversas cenas representadas, ou seja, diversos momentos em que se encena algo do que está sendo narrado. Nesses momentos, Joseph e Suzanne deixam suas posições de narradores e juntam-se às demais personagens:

> Eles dançam.
> A mãe olha. Joseph não. Talvez Joseph olhe na direção do porto para não olhar para Suzanne.
> Conversa entre Mr. Jo e Suzanne, lenta.
> Primeira cena representada.[23] (*EC*, p.43)

Finda a cena, a iluminação modifica-se, e Suzanne e Joseph voltam a narrar:

> Fim da cena representada.
> A luz baixa no interior da cantina.
> Todos ficaram novamente silenciosos. A narrativa de Suzanne recomeça.[24] (*EC*, p.56)

---

22 *Je rentre à L'Éden cinéma. Le piano est lá. Fermé.*

23 *Ils dansent.*
La mère regarde. Pas Joseph. Peut-être Joseph regarde-t-il vers le port pour ne pas regarder Suzanne.
Conversation entre Mr Jo et Suzanne, lente.
Première scène jouée.

24 *Fin de la scène jouée.*
La lumière baisse à l'intérieur du lieu-cantine.
Tous sont redevenus silencieux. Le récit de Suzanne reprend.

Ao longo da narrativa, há várias cenas representadas. E assim a peça se constitui: uma narrativa dentro do teatro e encenações dentro da narrativa.

Segundo Barko & Burgess (1988, p.87), o gênero dramático cede a palavra às personagens, sem que geralmente intervenha o prisma de um apresentador equivalente ao narrador romanesco. Ora, o que se vê em *L'Éden cinéma* é justamente o contrário do que se costuma esperar de uma peça de teatro. Em vez de personagens dialogando entre si, gesticulando, *agindo* o tempo todo, tem-se Suzanne e Joseph voltados para o público, narrando. Assim como no romance, há narradores, e as falas das demais personagens são introduzidas por eles. É importante dizer, no entanto, que tais narradores não deixam de ser personagens de teatro, e que sua narrativa é também diálogo dramático. *L'Éden cinéma* é, pois, uma peça que se manifesta em dois níveis: o da narrativa e o das cenas representadas. No nível da narrativa, Suzanne e Joseph são narradores homodiegéticos; no nível das cenas representadas, são personagens. E é por meio das didascálias que são instituídos narradores: um sujeito da enunciação teatral delega-lhes voz. Segundo Diana Luz Pessoa de Barros, a delegação de voz resulta da

> operação de desembreagem ou de projeção da instância da enunciação no discurso. Em termos de sintaxe, pode-se afirmar que o sujeito da enunciação, para construir seu objeto, instala um ou mais sujeitos delegados, aos quais atribui o /dever-fazer/, que os instaura como sujeitos, e o /poder-fazer/ ou poder-falar por ele, que os dota de "voz". (1985, p.146)

Suzanne e Joseph são, pois, sujeitos delegados, instaurados por um sujeito da enunciação que deseja construir um objeto (a narrativa e a peça como um todo). Esse sujeito delega voz a narradores (Suzanne e Joseph), que, por sua vez, delegam voz às personagens nas cenas representadas. Assim, o objeto – a peça – se constrói.

Mas se Suzanne e Joseph são sujeitos delegados, instituídos por um sujeito da enunciação teatral, a peça não se estruturaria em três níveis – o da peça como um todo, o da narrativa e o das cenas representadas? Acreditamos que sim. Tomemos, pois, para tornar mais clara esta questão, uma teoria própria do discurso teatral. Segundo Anne Ubersfeld, em seu livro *Lire le théâtre* (1978), há, no interior do texto teatral, duas camadas textuais distintas: uma que tem por sujeito imediato da enunciação o que A. Ubersfeld chama de *autor* e que engloba a totalidade das didascálias, e outra que compreende o conjunto dos diálogos e tem por sujeito mediato uma personagem. Há, pois, no teatro, segundo A. Ubersfeld, uma dupla enunciação: o conjunto do discurso teatral constitui-se de dois subconjuntos:

a) um discurso relator, cujo destinador é o autor (não o autor de carne e osso, bem entendido, mas o enunciador teatral a quem Ubersfeld chama de *scripteur*);

b) um discurso relatado cujo locutor é a personagem.

Há um processo de comunicação entre o *scripteur* e o público e, no interior desse processo, há outro entre as personagens. Girard, Ouellet & Rigault, em *O universo do teatro* (1980), distinguem dois tipos de comunicação no teatro:

> O primeiro, adentro da ficção, é aquele que existe entre os diferentes emissores de signos que são as personagens; o conjunto deste tipo de comunicações forma a "cena". O segundo, extraficção, preside às relações palco-sala. (p.38)

Dominique Maingueneau também fala a respeito da duplicidade da palavra no teatro:

> seu traço mais evidente é a sua duplicidade, que a faz participar de duas situações de enunciação ao mesmo tempo:
> – na primeira, um autor se dirige a um público através da representação de uma peça; é portanto a representação que constitui o ato de enunciação;
> – na segunda, a situação representada, personagens trocam frases num contexto enunciativo supostamente autônomo com relação à representação. (1996, p.159)

Em *L'Éden cinéma*, a dupla enunciação teatral se desdobra. Há um processo de comunicação entre o *scripteur* e o público; no interior desse processo há outro entre os narradores (Suzanne e

Joseph) e o público, e no interior desse há ainda outro das personagens entre si nas cenas representadas. O conjunto do discurso não se constitui, pois, de dois subconjuntos, mas de três:

a) um discurso *relator* cujo destinador é o *scripteur* e cujo destinatário é o público;

b) um discurso que é, ao mesmo tempo, *relatado* e *relator*, cujos locutores-destinadores são os narradores Suzanne e Joseph e cujo destinatário é o público;

c) um discurso *relatado* cujo locutor-destinador é uma personagem e cujo destinatário é outra personagem num diálogo.

O que ocorre é um desdobramento do subconjunto do discurso de personagens. O discurso do *scripteur*, que abrange a peça como um todo, é um discurso relator em relação à fala das personagens. Ora, em *L'Éden cinéma* há dois níveis de discurso de personagens: a narrativa de Suzanne e Joseph (pois os dois não deixam de ser personagens da peça) e os diálogos das cenas representadas. Tal fato se dá porque, na peça em questão, a linguagem narrativa se encontra inserida na linguagem teatral e vice-versa.

Se, como afirma Anne Ubersfeld (1978), o diálogo teatral é um englobado no interior de um englobante, então, em *L'Éden cinéma* há dois englobantes e dois englobados. A totalidade do discurso da peça engloba a narrativa dos dois irmãos, que engloba as cenas representadas. Ou seja, a fala dos narradores engloba a fala deles mesmos (enquanto personagens das cenas) e das outras personagens nas encenações. Graficamente, tem-se a seguinte configuração:

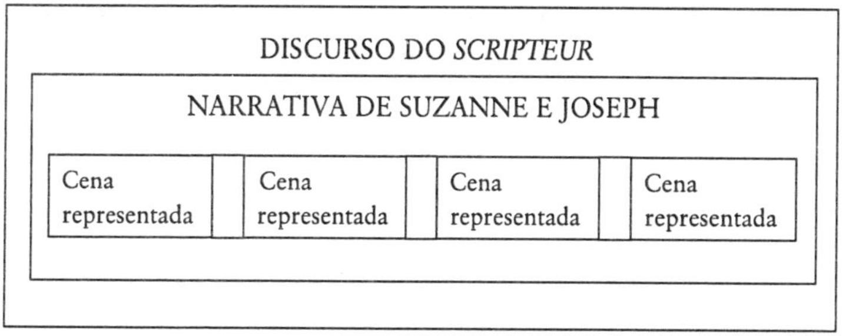

FIGURA 1 – Vários níveis do discurso em *L'Éden cinéma*.

Percebe-se, portanto, que há mesmo três níveis na construção da peça: a peça como um todo, incluindo o discurso didascálico, a narrativa de Suzanne e Joseph (que é discurso de personagens em dois planos) e os diálogos nas encenações que irrompem na narrativa. A palavra, ou seja, o signo lingüístico, manifesta-se, pois, por meio de diferentes fontes enunciativas: o *scripteur*, Suzanne e Joseph enquanto narradores, e as personagens nas cenas representadas, incluindo Suzanne e Joseph.

Tomando elementos da teoria semiótica, pode-se pensar em diferentes possibilidades de desembreagem em *L'Éden cinéma*, de acordo com os níveis considerados. Levando em conta apenas a narrativa de Suzanne e Joseph e as cenas representadas que dela nascem, é possível dizer que ocorre uma *desembreagem enunciativa*. Há narradores explicitamente instalados, que dizem *eu*, ou melhor, *nós*:

> JOSEPH
> Ela nos levava com ela ao Éden.[25] (*EC*, p.15)
>
> VOZ DE SUZANNE
> Não nos custava nada ...
> Era minha primeira aventura.[26] (*EC*, p.56)
>
> ...VOZ DE SUZANNE
> Não sei o que faz Joseph.[27] (*EC*, p.57)

E há também, em relação à desembreagem enunciativa da narrativa, desembreagens de segundo grau, ou *desembreagens internas*. José Luiz Fiorin esclarece que esse tipo de desembreagem ocorre quando "um actante já debreado, seja ele da enunciação ou

---

25 *JOSEPH*
Elle nous emmenait avec elle à l'Éden.

26 *VOIX DE SUZANNE*
...
Ça nous coûtait rien...
C'était ma première aventure.

27 *VOIX DE SUZANNE*
...
Je ne sais pas ce que fait Joseph.

do enunciado, se torna instância enunciativa" (1996, p.45). O diálogo, por exemplo, constitui-se de desembreagens internas. Em *L'Éden cinéma*, tais desembreagens de segundo grau corresponderiam às cenas representadas, nas quais são instituídos interlocutores e interlocutários (as personagens que dialogam entre si).

Mas, num exame da peça como um todo, incluindo a totalidade das didascálias, é possível pensar na narrativa de Suzanne e Joseph como uma espécie de *enunciação reportada*, resultado já de uma desembreagem interna. A enunciação reportada, como explica José Luiz Fiorin citando Courtès, "corresponde a um simulacro – no interior do discurso – da relação de comunicação entre enunciador e enunciatário" (1996, p.40). A enunciação de Suzanne e Joseph constituiria, pois, no interior do discurso teatral, um simulacro do discurso da narrativa. Visto desse modo, o cruzamento de linguagens diferentes que há na peça (teatral, romanesca) poderia ser entendido como um cruzamento de discursos: o teatral e o narrativo.

A situação das desembreagens e delegações de voz em *L'Éden cinéma* poderá ser mais claramente visualizada tomando-se o esquema proposto por Diana Luz Pessoa de Barros (1985, p.133) e aplicando-o à peça em questão:

ENUNCIADOR	NARRADOR	INTERLOCUTORES	OBJETO	INTERLOCUTÁRIOS	NARRATÁRIO	ENUNCIATÁRIO
scripteur	Suzanne e Joseph	personagens	história da mãe	personagens	virtual público	virtual público

FIGURA 2 – Desembreagens e delegações de voz em *L'Éden cinéma*.

O esquema acima permite esclarecer os diferentes níveis nos quais se manifesta o signo lingüístico em *L'Éden cinéma*: totalidade das didascálias, narrativa de Suzanne e Joseph e diálogos das cenas representadas. Por meio do procedimento de delegação de voz, como já foi dito, uma fonte enunciativa institui a outra; a palavra de um nível gera a palavra do nível seguinte. E, assim, o signo verbal adquire uma considerável importância nesta peça que privilegia o fazer ficcional.

O arquienunciador e o enunciado didascálico

Michael Issacharoff, em *Le spectacle du discours* (1985), refere-se ao enunciador teatral, ao *scripteur*, como *arquienunciador*: "As falas dos atores são enunciados emprestados de tal arquienunciador (o autor) que atribui réplicas a determinada personagem virtual cuja identidade (efetiva) não é estável" (p.16).

É esse arquienunciador que, conforme assinala M. Issacharoff, fala por meio de pessoas interpostas, seus porta-vozes. Portanto, considerada a totalidade de uma peça teatral, a voz das personagens é também voz do arquienunciador. Mas a palavra deste último é mais claramente percebida na camada do texto teatral não pronunciada em cena no momento da representação – o enunciado didascálico.

As didascálias, segundo Issacharoff, incluem as indicações cênicas e toda menção da identidade dos locutores e do lugar da enunciação. Possuem um estatuto paradoxal: ao mesmo tempo que constituem a singularidade do texto teatral, funcionando como uma das marcas distintivas deste último em oposição a outros discursos, são também o traço de união entre texto teatral e texto romanesco. Embora o dramaturgo transmita a palavra a suas personagens, sua própria voz continua presente nas didascálias, e a convenção tipográfica do itálico marca essa presença. Os destinatários dessa voz são múltiplos, uma vez que as didascálias destinam-se tanto ao diretor quanto aos atores e aos leitores. O enunciado didascálico, portanto, além de conter indicações cênicas, tem também a função de metatexto, comentando e esclarecendo o diálogo. Para Issacharoff, o texto teatral é estereofônico do ponto de vista da leitura, uma vez que comporta duas camadas distintas: o enunciado didascálico e a camada destinada a ser dita no palco, os diálogos. Há, pois, no teatro, uma dupla enunciação: a do dramaturgo (ou do arquienunciador) e a dos atores.

Em *L'Éden cinéma* as didascálias muitas vezes exprimem o metateatro e a ruptura da ilusão teatral. A peça de Marguerite Duras volta-se para a própria construção e reflete sobre o fazer teatral e sobre o fazer narrativo. Para isso, rompe a ilusão referencial, deixando claro que o que se passa em cena é *representação*. Uma das maiores marcas de metateatro é a posição da mãe, imóvel e calada.

O signo teatral da *marcação*, relativo às posições e movimentos dos atores em cena, mostra-se importante nesse aspecto. A mãe está morta, sua história é narrativa do passado, e ela só deixa sua imobilidade para presentificar esse passado, para *representá-lo*. É quebrada, diante de tal situação, toda ilusão referencial. A marcação é expressa nas didascálias iniciais, que anunciam a imobilidade da mãe: "A mãe permanecerá imóvel em sua cadeira, sem expressão, como uma estátua, distante, *separada* – como a cena – de sua própria história" (*EC*, p.12).[28]

A mãe, assim como as outras personagens e tudo o mais na peça, é elemento de uma *representação*. O que ela *representa* ultrapassa o que ela *é*, como se afirma nas didascálias iniciais: "Os outros a tocam, acariciam seus braços, beijam suas mãos. Ela consente: o que ela *representa* na peça ultrapassa o que ela *é*" (*EC*, p.12).[29]

O mesmo signo *marcação*, que aqui ressalta o metateatro determinando a *imobilidade*, em outra passagem do texto também ressalta o metateatro, mas determinando o *movimento*, a ruptura da imobilidade. Na cena em que Suzanne dança com Joseph após ter recebido um fonógrafo de presente de M. Jo, três signos do espetáculo articulam-se para promover o movimento, a encenação: a *marcação*, a *música* e o *acessório* (o fonógrafo). Suzanne recebe de M. Jo um fonógrafo; todas as personagens estão imóveis ao redor do aparelho: "Imobilidade de todos ao redor do objeto" (*EC*, p.66).[30]

Joseph, então, coloca um disco no fonógrafo – a Valsa do Éden. "E o milagre se produz", como revelam, no texto, as didascálias:

> Joseph coloca um disco já ouvido na peça: a Valsa do Éden.
> A ária repetida torna-se mais nítida, perfeita...
> E o milagre se produz.
> Joseph e Suzanne dançam juntos.[31] (*EC*, p.67)

---

28 *La mère restera immobile sur sa chaise, sans expression, comme statufiée, lointaine,* séparée *– comme la scène – de sa propre histoire.*

29 *Les autres la touchent, caressent ses bras, embrassent ses mains. Elle laisse faire: ce qu'elle* représente *dans la pièce dépasse ce qu'elle* est.

30 *Immobilité de tous autour de l'objet.*

31 *Joseph met un disque déjà entendu dans la pièce: la Valse de l'Éden.*
L'air rabâché devient plus net, plus parfait...
Et le miracle se produit.
Joseph et Suzanne dansent ensemble.

Suzanne e Joseph dançam. A música desencadeia o milagre – o milagre do movimento, o milagre do espetáculo.

Outro momento claramente metateatral é a narração da morte da mãe, uma das passagens em que a ruptura da ilusão é mais explícita. Enquanto a narrativa se desenrola e Suzanne relata a morte da mãe, esta permanece sentada diante do público, para, em seguida, deitar-se como morta, prestando-se a encenar sua própria morte. No texto escrito, é por meio das didascálias que se tem acesso a essas informações. As didascálias, aliás, nesse trecho, exercem claramente sua função de metatexto: comentam o que se passa em cena e o que é narrado, chamando, dessa forma, a atenção para o aspecto metadramático.

> SUZANNE
> Quando Agosti voltou, o coração da mãe estava morto.
> Tudo se ilumina por toda parte.
> A mãe ainda está lá, sentada no bangalô, enquanto se fala de sua morte.
> O cabo a ajuda a deitar-se na cama de campanha que ele acaba de trazer. A mãe, então, presta-se, viva, à encenação de sua morte.
> Eis. *Está feito.*
> A mãe está estendida, "morta", diante do público, os olhos abertos.[32] (*EC*, p.151)

A mãe encena sua morte, e a encenação assume-se como tal. A palavra *morte* (morta) colocada entre aspas nas didascálias demonstra o caráter teatral da morte: representação da mesma.

As didascálias de *L'Éden cinéma*, ao desnudarem o fazer dramático e ao romperem a ilusão referencial, funcionam, muitas vezes, como *didascálias autônomas*, ou seja, explicitamente destinadas à leitura. Michael Issacharoff (1985, p.30-4) distingue quatro

32 SUZANNE
Quand Agosti est revenu le coeur de la mère était mort.
Tout s'éclaire partout.
La mère est encore là, assise dans le bungalow, alors qu'on parle de sa mort.
Le caporal l'aide à se coucher sur le lit de camp qu'il vient d'apporter. La mère, donc, se prête, vivante, à la mise en scène de sa mort.
Voici. C'est fait.
La mère est allongée, "morte", devant le public, les yeux ouverts.

tipos de didascálias: as que ele chama de *normais*, destinadas tanto ao diretor quanto ao grande público (dão precisões sobre a entonação, indicam nomes de personagens etc.); o *extratexto didascálico* (prefácios, como, por exemplo, os de Racine, que visam comentar o assunto da peça); as *didascálias técnicas* e, por fim, as *didascálias autônomas*, que pressupõem a leitura. Certas didascálias de *L'Éden cinéma* pertencem a esta última categoria. O exemplo mais significativo é o que vem transcrito a seguir: "É aqui que começa sua história escrita. Sua imortalidade. Ei-la." (*EC*, p.18).[33] Suzanne narra a história da mãe. As didascálias anteriormente citadas aparecem logo após a fala de Suzanne que diz que a mãe havia feito um pedido de compra de terras à direção geral da colônia. Após o enunciado didascálico, Joseph começa a narrar o episódio das terras. As didascálias em questão são explicitamente destinadas à leitura, não podem ser atualizadas no momento da encenação. E revelam-se claramente metatextuais, à medida que se referem à escritura. Quando começa a história escrita da mãe, começa sua imortalidade; a escritura imortaliza. Mais uma vez tem-se o entrelaçamento de linguagens, de meios de expressão: teatro e narrativa romanesca, história encenada e história escrita.

Entretanto, o metateatro e a metalinguagem não estão presentes apenas nas didascálias, mas também no discurso das personagens e na própria forma pela qual está estruturada a peça – no entrecruzar de narrativa e teatro. Um aspecto que esclarece muito a respeito da autoconsciência da escritura em *L'Éden cinéma* é a *delegação do saber*:

> Articulado, como categoria, em /saber-ser/e/saber não ser/, o saber define sujeitos (e narradores) que sabem e sujeitos ignorantes, sujeitos iludidos e sujeitos desenganados, enquanto a variação de seu objeto – saber sobre a competência própria ou dos outros, saber sobre os fazeres, saber sobre as paixões – fornece outros elementos para se organizarem as perspectivas do narrador. (Barros, 1985, p.148)

A Suzanne e a Joseph são delegados voz e saber. Por seu distanciamento temporal em relação aos fatos narrados (o tempo dos

---

33 *C'est là que commence son histoire écrite. Son immortalité. La voici.*

fatos narrados, que é presentificado nas cenas representadas, é diferente do tempo em que se situam as personagens/narradoras relatando a história), eles sabem muito, não estão tomando contato com os acontecimentos à medida que os narram. Fazem, até mesmo, certas antecipações, como, por exemplo, informar o espectador de que a mãe morrerá (ou está morta) e até a sua morte continuará lutando para reconstruir as barragens e acreditando em sua própria lógica, como sempre fizera:

> A mãe sempre agira assim. Sempre obedecera a evidências das quais só ela tinha certeza.
> Sempre.
> Até sua morte.[34] (*EC*, p.25)

Suzanne e Joseph são narradores conscientes de seu papel, sabem de sua função de narrar para um público. O emprego da segunda pessoa do plural reafirma essa consciência:

> O que a mãe fez?
> Ouçam:
> Por não ter conseguido vencer os homens, a mãe foi combater as marés do Pacífico.[35] (*EC*, p.23)

> Pedimos-lhes que fiquem atentos ao que nós vamos lhes contar sobre ela.[36] (*EC*, p.18)

Não apenas os narradores estão conscientes de seu papel, como também a peça como um todo deixa transparecer uma consciência do fazer teatral, do fazer escritural.

É importante observar também as relações entre narrador e personagens, ou seja, entre actantes do discurso e papéis actanciais

---

34 *La mère avait toujours agi comme ça. Elle avait toujours obéi à des évidences dont elle seule avait la certitude.*
Toujours.
Jusqu'a sa mort.

35 *Qu'est-ce qu'elle a fait la mère?*
Écoutez:
Faute d'arriver à fléchir les hommes, la mère s'est attaquée aux marées du Pacifique.

36 *On vous demande d'être attentifs à ce que nous allons vous apprendre sur elle.*

da narrativa: Suzanne e Joseph são narradores e personagens, têm papel discursivo e papel narrativo. Tal ocorrência não é comum no teatro, e deve-se à forte presença, em *L'Éden cinema*, da linguagem romanesca mesclando-se à linguagem teatral.

> Os actantes, discursivos e narrativos, manifestam-se através dos mesmos atores ou de atores diferenciados. O ator *narrador* pode, assim, restringir-se aos papéis discursivos da "história da narração" ou preencher também postos na "história narrada". No primeiro caso, os narradores assumem os encargos de narrador propriamente dito ou observador; no segundo, são também "personagens", principais ou secundários. (Barros, 1985, p.149)

Os espaços mimético e diegético

M. Issacharoff (1985), ao tratar do espaço dramatúrgico (o emprego particular que o dramaturgo faz do lugar cênico), distingue os espaços *cênico* ou *mimético* e *extracênico* ou *diegético*. O espaço mimético diz respeito ao que é *mostrado* no palco, enquanto o espaço diegético restringe-se ao que é *narrado* em cena, referido no discurso das personagens. Issacharoff compara a distinção mimético/diegético no teatro à dicotomia *showing/telling* em narratologia:

> O espaço dramatúrgico é de duas espécies: cênico e extracênico, ou seja, mimético e diegético, equivalente teatral da dicotomia *showing/telling* em narratologia. O espaço mimético, representado em cena, é percebido pelo público. O espaço diegético, ao contrário, sendo simplesmente referido no discurso das personagens, limita-se a uma existência verbal. Em outros termos, o espaço mimético é transmitido diretamente, enquanto o espaço diegético é mediado pela linguagem, verbalizado portanto e não visualizado. (p.72)

O teatro é uma arte da representação; a cena teatral é lugar por excelência do mimético. Em *L'Éden cinéma*, no entanto, não se pode falar com segurança em predomínio do mimético, mas em entrecruzamento de espaços. A presença do espaço diegético é muito maior e mais significativa do que na maioria das peças, o que, segundo L. Fachin (1993, p.128), caracteriza uma ruptura do próprio conceito de teatro. Pode-se dizer que o espaço mimético gera o espaço diegético, que, por sua vez, gera o espaço mimético. A peça como um todo pode ser considerada como espaço mimético, uma vez que engloba o conjunto da representação. A narrativa de Suzanne e Joseph constitui o espaço diegético, e as cenas representadas que dela se originam pertencem ao espaço mimético. Ocupando a narrativa de Suzanne e Joseph a maior parte da peça, é particularmente grande o espaço diegético em *L'Éden cinéma*. As personagens narradoras constroem, dentro da encenação, uma narrativa que originará novas encenações. O espaço mimético (a peça como um todo) engloba o espaço diegético (a narrativa de Suzanne e Joseph), que engloba o espaço mimético (as cenas representadas). Partindo do esquema gráfico apresentado anteriormente, podem-se representar as relações entre os espaços na peça de M. Duras:

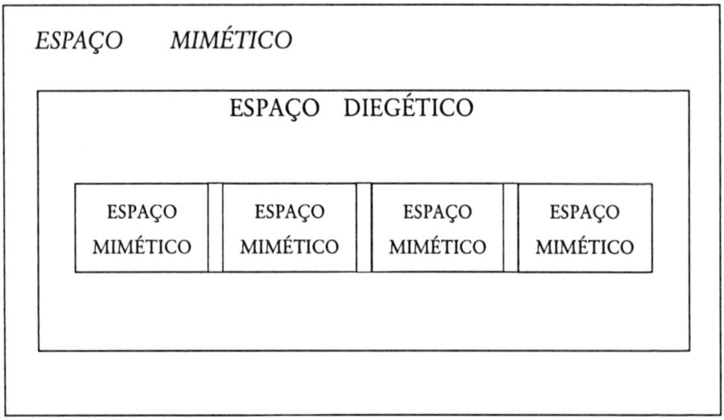

FIGURA 3 – Os espaços mimético e diegético em *L'Éden cinéma*.

E no ir-e-vir de um espaço e outro, um sistema de signos mostra-se importante: a *iluminação*. Tadeusz Kowzan (1978) assinala que a iluminação apresenta uma grande riqueza do ponto de vista semiológico, prestando-se a uma multiplicidade de funções no teatro. Em *L'Éden cinéma*, o principal papel desse sistema de signos é funcionar como limite entre narrativa e cena representada, marcar a passagem de espaço diegético a espaço mimético e de espaço mimético a espaço diegético. A luz baixa sempre que termina uma cena representada:

> Fim da cena representada.
> A luz baixa no interior da cantina.
> Todos ficaram novamente silenciosos. A narrativa de Suzanne recomeça.[37] (*EC*, p.56)

A luz também evidencia as mudanças de cena:

> O bangalô em que eles dançam enche-se de sombra, pouco a pouco. Enquanto se ilumina o que está ao redor desse bangalô ...
> A mudança se faz com a da luz e com a música.[38] (*EC*, p.70)

A iluminação também narra à medida que acompanha a narrativa de Suzanne e Joseph, mostrando os elementos do cenário que estão sendo referidos. Se os narradores falam do bangalô, este se ilumina; se falam da planície, é esta que se ilumina enquanto o bangalô volta a ficar no escuro:

> VOZ DE SUZANNE
> ... Ficávamos no bangalô, ele e eu.
> O bangalô se ilumina.[39] (*EC*, p.57)

O signo musical também acompanha a irrupção do espaço mimético no espaço diegético:

> Música.
> Segunda cena representada.[40] (*EC*, p.58)

---

37 *Fin de la scène jouée.*
La lumière baisse à l'intérieur du lieu cantine.
Tous sont redevenus silencieux. Le récit de Suzanne reprend.

38 *Le bungalow où ils dansent se remplit d'ombre, peu à peu. Tandis que s'éclaire ce qui entoure ce bungalow...*
Le changemente se fait avec celui de la lumière et avec la musique.

39 *VOIX DE SUZANNE*
... On restait dans le bungalow lui et moi.
Le lieu-bungalow s'éclaire.

40 *Musique.*
Deuxième scène jouée.

> Música.
> O jantar. A mãe se cala.
> A luz baixa novamente.[41] (*EC*, p.97)

Embora o espaço diegético ocupe uma extensão privilegiada em *L'Éden cinéma*, não se pode falar em predomínio de um dos espaços, nem do diegético, nem do mimético. Os dois espaços articulam-se na construção do sentido, revelando também o trabalho conjunto de duas linguagens (narrativa e teatral) ou mesmo de dois gêneros (romanesco e dramático). Mesmo que os signos do espetáculo possam, de certa forma, marcar o início e o fim das cenas representadas, não é possível estabelecer limites precisos entre espaço diegético e espaço mimético, uma vez que um está inserido no outro, um engloba e compreende o outro. A narrativa é também diálogo dramático; o diálogo dramático transforma-se em narrativa. E nessa imbricação de meios de expressão não se pode ignorar a linguagem cinematográfica. Embora não se pretenda, aqui, analisar profundamente as características de um roteiro cinematográfico, é impossível não notar a presença de certos elementos fílmicos em *L'Éden cinéma*. As *vozes em off*, por exemplo, que surgem ao longo da narrativa ajudando a compô-la, aproximam a peça teatral do roteiro cinematográfico, uma vez que constituem um recurso muito mais comum ao cinema do que ao teatro:

> VOZ DE SUZANNE
> Naquela noite, já fazia oito dias que havíamos comprado aquele cavalo e a carroça e que Joseph fazia o transporte dos camponeses de Prey-Nop a Réam.[42] (*EC*, p.30)

A narrativa é constituída não apenas pelas palavras que as personagens/narradoras pronunciam em cena, mas também pela *voz em off* de Suzanne, que se faz ouvir mesmo quando a personagem no palco permanece calada:

---

41 *Musique.*
Le dîner. La mère se tait.
La lumière baisse de nouveau.

42 *VOIX DE SUZANNE*
Ce soir-là, ça faisait déjà huit jours qu'on avait acheté ce cheval et la carriole et que Joseph faisait le transport des paysans de Prey-Nop à Réam.

> VOZ DE SUZANNE
> A mãe havia adormecido até a hora do jantar.
> Deitando-a, Joseph vira: em uma fita passada em seu pescoço, estava o anel do Sr. Jo.[43] (*EC*, p.97)
>
> VOZ DE SUZANNE
> Carmen penteou-me. Vestiu-me...
> Disse-me para ir à cidade...
> Fui ao bairro alto.
> Para procurar Joseph, meu irmãozinho.
> Ela caminha sobre a valsa enquanto a mãe a olha com um sorriso vindo dos confins do mundo: "Criança".[44] (*EC*, p.108-9)

É preciso observar que as *vozes em off* são sempre de Suzanne, o que confere a esta uma parte muito maior na tarefa de narrar que a de Joseph. É, pois, Suzanne a principal voz narrativa em *L'Éden cinéma.*

A prática das *vozes off* é bastante freqüente nos filmes de Marguerite Duras. Najet Liman-Tnani, em *Roman et cinéma chez Marguerite Duras* (1996), afirma que tal recurso aproxima a imagem da leitura:

> A prática das "vozes em off" atesta que jogando com aquilo que está fora do campo de visão da platéia, trabalhando com a sugestão verbal da imagem, com as capacidades criadoras do destinatário, é possível reintroduzir, nos filmes, o imaginário em detrimento do visual, e destruir o concreto em prol do abstrato ...
>
> As "vozes em off" deslocam o interesse e a atenção do espectador da imagem, às vezes vazia e insignificante, para o texto impregnado de musicalidade e rico de ressonâncias profundas. (p.157)

---

43 *VOIX DE SUZANNE*
La mère s'était endormie jusqu'au dîner.
En la couchant, Joseph avait vu: dans une ficelle passée à son cou, il y avait la bague de Mr. Jo.

44 VOIX DE SUZANNE
Carmen m'a coiffée. Elle m'a habillée...
Elle m'a dit d'aller dans la ville...
Je suis allée dans le haut quartier.
Pour chercher Joseph, mon petit frère.
Elle marche sur la valse tandis que la mère la regarde avec un sourire arrivé du fond du monde: "Enfant".

No cinema de Marguerite Duras, as *vozes em off* funcionariam como ponto de contato com a linguagem narrativa, romanesca. Em *L'Éden cinéma*, essas vozes narrativas têm caráter ambíguo e, justamente por isso, bastante significativo: ao mesmo tempo que são marcas da linguagem cinematográfica, reafirmam o aspecto romanesco da peça.

L'Éden cinéma não é cinema, não é romance, nem rigorosamente teatro; mas é tudo isso a um só tempo. Teatro narrativo? Narrativa teatral? Teatro com elementos cinematográficos? Não importa. É inútil tentar definir. Aliás, definições genéricas, classificações não cabem na escritura durassiana. As fronteiras entre os gêneros diluem-se, e o enfoque recai sobre a enunciação – fílmica, romanesca, teatral. O título, ao remeter ao cinema, põe em relevo o fazer ficcional, como já afirmamos anteriormente. O ato de tocar o piano pode ser entendido como metáfora de enunciar. E, assim, na intersecção de linguagens, na fusão de gêneros, edifica-se o sentido maior de *L'Éden cinéma*: a consciência da construção da ficção.

L'AMANT DE LA CHINE DU NORD: ROMANCE/ROTEIRO CINEMATOGRÁFICO?

Nas primeiras páginas de *L'amant de la Chine du Nord* há uma espécie de prefácio da autora – assinado por Marguerite Duras – que tece comentários a respeito do livro e das circunstâncias em que foi escrito:

> Abandonei o trabalho que estava fazendo. Escrevi a história do amante da China do Norte e da criança ... Escrevi este livro na felicidade louca de escrevê-lo.[45] (*ACN*, p.11).

Mas seria esse paratexto, assinado por Marguerite Duras, realmente um prefácio? Em *Seuils* (1987), G. Genette define prefácio

---

45 *J'ai abandonné le travail que j'étais en train de faire. J'ai écrit l'histoire de l'amant de la Chine du Nord et de l'enfant ... J'ai écrit ce livre dans le bonheur fou de l'écrire.*

como "todo tipo de texto liminar (preliminar ou pós-liminar), autoral ou alógrafo, que consiste em um discurso produzido a propósito do texto que segue ou que precede" (p.150). Quanto ao destinador do prefácio, o teórico assinala que ele pode ser o autor (real ou pretenso) do texto; nesse caso o prefácio seria chamado de *autoral*; pode ser também uma das personagens da ação, caracterizando um prefácio *actorial*; pode ser ainda uma terceira pessoa.

O prefácio de *L'amant de la Chine du Nord* integraria o primeiro caso levantado por Genette. Se se levar em conta a distinção entre *prefácio autoral fictício* e *prefácio autoral autêntico* (Genette, 1987, p.167), o prefácio de *L'amant de la Chine du Nord* ficaria situado na segunda categoria, uma vez que o nome de seu autor declarado coincide com o nome do autor real do livro. Voltar-se-á a abordar, em capítulo posterior deste trabalho, a questão do prefácio e de suas funções. Observe-se, agora, apenas a alusão ao gênero que é feita na última frase: "Voltei a ser uma escritora de romances" (*ACN*, p.12).[46]

O prefácio de Marguerite Duras está longe de ser uma discussão a respeito do gênero, mas o emprego da palavra *romance* não deixa de direcionar o leitor. Quem depara com esse texto a que estamos chamando de prefácio de *L'amant de la Chine du Nord* acredita que vai ler um romance e organiza suas expectativas segundo essa indicação. O "romance", no entanto, desconcertará o leitor que, crédulo, tomar por literal a definição genérica. *L'amant de la Chine du Nord* é mais um dos possíveis da escritura, mais um passo na busca que congrega linguagens e dilui as fronteiras entre os gêneros.

Na página 17, um trecho curto, porém extremamente significativo, explicita a intersemiose:

> É um livro
> É um filme.
> É a noite.[47]

---

46 *Je suis redevenue un écrivain de romans.*

47 *C'est un livre.*
C'est un film.
C'est la nuit.

Livro... Filme... Noite... Romance. Partitura cinematográfica. Amálgama de linguagens... O livro inicia-se com indicações de cenário, lembrando didascálias teatrais e roteiro cinematográfico:

> Uma casa no meio de um pátio de escola. Está completamente aberta. Dir-se-ia uma festa. Ouvem-se valsas de Strauss e de Franz Lehar e também *Ramona* e *Nuits de Chine* saindo das janelas e das portas. A água escorre por toda parte, dentro, fora.[48] (*ACN*, p.13)

Assim como o teatro recorre a uma multiplicidade de signos para realizar sua comunicação específica, também a linguagem cinematográfica dispõe de uma série de fatores que fazem parte do *espetáculo fílmico* (Leone & Mourão, 1987), tais como a cenografia, o cromatismo, a trilha sonora etc. Ora, já no trecho inicial de *L'amant de la Chine du Nord* é possível perceber claramente a presença de elementos próprios do espetáculo, seja ele teatral ou cinematográfico. A música, o ruído da água, o cenário são signos de um espetáculo virtual, fatores que permitem que o texto venha a ter uma atualização audiovisual.

Ainda na página 13, começam a ser apresentadas as personagens:

> Entre os que dançam há um rapaz muito jovem, francês, bonito, dançando com uma mocinha, também francesa. Eles se parecem.
>
> Ela é a que não tem nome no primeiro livro, nem no que o precedeu, nem neste.
>
> Ele é Paulo, o irmãozinho adorado por esta jovem irmã, a que não é designada por nome.
>
> Um outro jovem chega à festa: é Pierre, o irmão mais velho.[49] (*ACN*, p.13-4)

48 *Une maison au milieu d'une cour d'école. Elle est complètement ouverte. On dirait une fête. On entend des valses de Strauss et de Franz Lehar, et aussi* Ramona *et* Nuits de Chine *qui sortent des fenêtres et des portes. L'eau ruisselle partout, dedans, dehors.*

49 *Parmi ceux qui dansent il y a un très jeune homme, français, beau, qui danse avec une très jeune fille, française elle aussi. Ils se ressemblent.*
Elle, c'est celle qui n'a de nom dans le premier livre ni dans celui qui l'avait précédé ni dans celui-ci.
Lui, c'est Paulo, le petit frère adoré par cette jeune soeur, celle-là qui n'est pas nommée.
Un autre jeune homme arrive à la fête: c'est Pierre. Le frère aîné.

A apresentação das personagens chama a atenção para a reescritura: fala-se de Paulo, de Pierre e da jovem não nomeada relacionando-os a livros anteriores. É como se o narrador falasse das personagens a um narratário que já as conhecesse de outros textos. A menção a esses outros textos (a que não tem nome no primeiro livro) ressalta a pertinência de *L'amant de la Chine du Nord* à categoria *livro*. E esse emprego da palavra *livro* não limita o texto, de maneira nenhuma, a um gênero determinado; ao contrário, sugere certa indefinição: um livro é um texto escrito, não importando se se trata de um romance, de uma peça de teatro, de um roteiro cinematográfico, ou da articulação de elementos de todas essas linguagens.

O caráter visual de *L'amant de la Chine du Nord* é evidente. A narrativa *mostra*. Narra-se como se uma cena se desenrolasse diante de um espectador:

> Por bastante tempo ele observa a festa...
>
> E depois ele o faz: pega o irmãozinho pelos ombros, empurra-o até a janela aberta do mezanino. E, como se estivesse tomado por um dever cruel, joga-o para fora como faria com um cão.
>
> O irmão mais novo levanta-se e foge, grita sem palavras.
>
> A irmã o segue: salta pela janela e vai ao encontro dele.[50] (*ACN*, p.14)

Ao longo de todo o texto, as descrições do espaço no qual se passa a história vão surgindo como se fossem indicações de cenário. A palavra recorre aos signos do espetáculo: iluminação, música, cenários, ruídos... Pela leitura de trechos como o que será transcrito a seguir, o narratário pode visualizar cenas, tal qual um espectador:

---

50 *Longtemps il regarde la fête...*
Et puis il le fait: il prend le petit frère par les épaules, il le pousse jusqu'à la fenêtre ouverte de l'entresol. Et, comme s'il était tenu par un devoir cruel, il le jette dehors comme il ferait d'un chien.
Le jeune frère se relève et se sauve droit devant lui, il crie sans mot aucun.
La jeune soeur le suit: elle saute de la fenêtre et elle le rejoint.

> De cada lado dessa rua há grandes casas brancas com varandas. Cercadas de grades e jardins...
>
> O odor da noite é o do jasmim.
>
> Misturado ao cheiro insosso e suave do rio...
>
> No final da rua, essa luz amarelada dos lampiões, essa alegria, esses gritos, esses cantos, realmente é o rio. O Mekong ...
>
> Perto da estrada, no parque que a contorna, essa música que se pode ouvir é de um baile.[51] (*ACN*, p.17-8)

A referência à música, além de pôr em relevo o aspecto audiovisual do texto, ajudando a compor o espetáculo virtual que ele contém, também marca a reescritura, como se pode perceber na passagem abaixo:

> Foi pouco depois que a pista se apagou que da Residência chega, tocada ao piano, aquela ária de valsa morta. A de um livro. Não se sabe mais qual.[52] (*ACN*, p.20)

A valsa é a de um livro. Não se sabe mais qual. O signo musical revela-se, aqui, como elemento de repetição na obra de Marguerite Duras, de reescritura, e vem salientar o entrecruzamento de linguagens: música e livro. Som e palavra escrita. Palavra escrita que suscita o som. Palavra que contém, em potencialidade, a música, a iluminação, o movimento, a imagem. E a narrativa assume um caráter descritivo – vai descrevendo cenas.

O efeito produzido é o de uma câmera que segue a personagem. Em *Un barrage contre le Pacifique*, o pronome *on* situava o narrador ao lado do narratário, ambos em posição de observadores da cena. Tal procedimento é utilizado em *L'amant de la Chine du Nord* de maneira muito mais explícita e mais próxima do cinema.

---

51 *De chaque côté de cette rue il y a des villas blanches à terrasses. Entourées de grilles et de parcs...*
L'odeur de la nuit est celle du jasmin.
Mêlée à celle fade et douce du fleuve...
Au bout de la rue cette lumière jaune des lampes tempête, cette joie, ces appels, ces chants, ces rires, c'est en effet le fleuve. Le Mékong...
Près de la route, dans le parc qui la longe cette musique qu'on entend est celle d'un bal.

52 *C'est peu après que la piste s'est éteinte que de la Résidence arrive, joué au piano, cet air-là de valse morte. Celle d'un livre. On ne sait plus lequel.*

Não apenas o pronome *on* mas também o pronome *nous* colocam o narratário como espectador e situam o narrador a seu lado, vendo um o que o outro vê. A própria palavra câmera é várias vezes empregada:

> À nossa frente alguém caminha...
>
> É uma moça muito jovem, ou uma criança talvez. Parece. Seu andar é macio. Está descalça. Delgada. Talvez magra. As pernas... sim... É isso... Uma criança. Já grande.
>
> Ela caminha na direção do rio...
>
> A jovem toma a direção do parque, vai ver o local da festa por detrás da grade. Nós a seguimos. Paramos diante do parque...
>
> Ela está à nossa frente. Ainda se vê mal o seu rosto na luz amarela da rua...
>
> A criança sai da imagem. Deixa o campo da câmera e o da festa.
>
> A câmera varre lentamente o que se acaba de ver, depois vira e parte na direção que a criança tomou.[53] (*ACN*, p.18-21)

O verbo *voir* (ver) é utilizado ao longo de quase todo o texto, acentuando o caráter fílmico, como se a narração fosse uma câmera que focalizasse as imagens; cada vez que se diz *on voit*, uma imagem é focalizada:

> Vêem se as duas crianças olhando juntas este mesmo céu. Depois vemos cada uma delas olhar separadamente.
>
> Depois vemos Thanh que chega da rua e vai em direção às duas crianças.[54] (*ACN*, p.32)

---

53 *Devant nous quelqu'un marche...*
C'est une très jeune fille, ou une enfant peut être. Ça a l'air de ça. Sa démarche est souple. Elle est pieds nus. Mince. Peut-être maigre. Les jambes... Oui.... C'est ça... Une enfant. Déjà grande.
Elle marche dans la direction du fleuve...
La jeune fille oblique vers le parc, elle va voir le lieu de la fête derrière la grille. On la suit. On s'arrête face au parc...
Elle est devant nous. On voit toujours mal son visage dans la lumière jaune de la rue...
L'enfant sort de l'image. Elle quitte le champ de la caméra et celui de la fête.
La caméra balaie lentement ce qu'on vient de voir puis elle se retourne et repart dans la direction qu'a prise l'enfant.

54 *On voit les deux enfants qui regardent ensemble ce même ciel. Et puis on les voit séparément le regarder.*
Et puis on voit Thanh qui arrive de la rue et va vers les deux enfants.

O presente do indicativo, tempo verbal predominante em *L'amant de la Chine du Nord*, contribui para produzir o efeito de cenas, dando a impressão de que não se narram acontecimentos, mas descrevem-se imagens – imagens em movimento:

> Ela não se move de início.
> Vai lentamente até ele por detrás do vidro.
> Fica ali.
> Eles se olham muito rapidamente, o tempo de verem, de serem vistos.
> O carro está na contramão. Ela coloca a mão no vidro. Depois tira a mão e coloca a boca no vidro, beija, deixa a boca ficar ali.[55] (*ACN*, p.62)

Em geral, quando se inicia uma cena, uma frase informa o lugar em que ela se passa, como se fosse uma indicação de cenário em uma peça teatral ou em um roteiro cinematográfico:

> O liceu.
> Não há mais alunos nos corredores. Todos entraram nas classes.
> A criança está atrasada.[56] (*ACN*, p.63)

> Na *garçonnière*
> A noite caiu. O céu está cada vez mais azul, brilhante. A criança está longe do chinês, perto da fonte, deitada na água fresca da bacia. Está contando a história de sua vida. O chinês escuta de longe, distraído.[57] (*ACN*, p.101)

---

55 *Elle ne bouge pas tout d'abord.*
Elle va lentement vers lui derrière la vitre.
Reste là.
Ils se regardent très vite, le temps de voir, de s'être vus.
La voiture est dans le sens inverse de sa marche à elle. Elle pose sa main sur la vitre. Puis elle écarte sa main et elle pose sa bouche sur la vitre, embrasse là, laisse sa bouche rester là.

56 *Le lycée.*
Il n'y a plus d'élève dans les couloirs. Ils sont tous rentrés dans les classes.
L'enfant est en retard.

57 *Dans la garçonnière.*
La nuit est venue. Le ciel est de plus en plus bleu, éclatant. L'enfant est loin du Chinois, vers la fontaine, allongée dans l'eau fraîche du bassin. Elle raconte l'histoire de sa vie. Le Chinois écoute de loin, distrait.

Todavia, em meio a tantos elementos visuais, há grandes passagens essencialmente narrativas, romanescas, que se prestam muito mais à leitura do que à cena. Como exemplo, pode-se citar o trecho das páginas 33 e 34, no qual o tempo verbal empregado é o imperfeito:

> Às vezes, quando eles eram bem pequenos, a mãe os levava para ver a noite da estação seca. Ela lhes mandava olhar bem aquele céu, azul como se fosse pleno dia, aquela claridade da terra até o limite da vista. Mandava-os ouvir também os ruídos da noite, os chamados das pessoas, seus risos, seus cantos, os lamentos dos cães também, perseguidos pela morte, todos aqueles apelos que revelavam ao mesmo tempo o inferno da solidão e a beleza dos cantos que expressavam aquela solidão, era preciso escutá-los...
>
> Ela lhes fazia lembrar também que aquele país da Indochina era a pátria deles, daquelas crianças, as suas.[58] (*ACN*, p.33-4)

Mas a impressão de que o livro contém um filme virtual torna-se outra vez forte quando se leva em consideração a existência de certas notas de rodapé, verdadeiros conselhos para uma possível encenação:

> Em caso de cinema haverá escolha. Ou se fica sobre o rosto da mãe que narra sem ver. Ou se vê a mesa e os filhos a quem a mãe *se refere*. A autora prefere esta última opção.[59] (*ACN*, p.28)

Tais notas assemelham-se, de certa forma, às didascálias no texto teatral, sobretudo a um determinado tipo de enunciado, que M. Issacharoff chama de *didascálias técnicas*, que concernem não

58 *Quelquefois quand ils étaient très petits, la mère les emmenait voir la nuit de la saison sèche. Elle leur disait de bien regarder ce ciel, bleu comme en plein jour, cet éclairement de la terre jusqu'à la limite de la vue. De bien écouter aussi les bruits de la nuit, les appels des gens, leurs rires, leurs chants, les plaintes des chiens aussi, hantés par la mort, tous ces appels qui disaient à la fois l'enfer de la solitude et la beauté des chants qui disaient cette solitude, il fallait aussi les écouter... Ellw leur rappelait aussi que ce pays d'Indochine était leur patrie à eux, ces-enfants-là, les siens.*

59 *En cas de cinéma on aura le choix. Ou bien on reste sur le visage de la mère qui raconte sans voir. Ou bien on voit la table et les enfants* racontés *par la mère. L'auteur préfère cette dernière proposition.*

ao assunto da peça, mas à sua encenação. Assim como as didascálias técnicas têm, no texto teatral, o papel de orientar a realização da peça, fornecendo indicações de como encenar determinadas passagens, assim também as notas de rodapé de *L'amant de la Chine du Nord* parecem ter a função de orientar uma possível encenação cinematográfica do livro. Embora não se esteja diante de um texto dramático propriamente dito (peça de teatro ou roteiro cinematográfico), é possível enxergar as notas como conselhos técnicos que concernem a uma representação. Há diversos exemplos dessas notas, todos eles versando sobre a realização fílmica do texto:

> No caso de um filme baseado neste livro, a criança não deverá ser de uma beleza apenas bela. Isso seria talvez perigoso para o filme. Trata-se de outra coisa que atua nela, a criança, algo "difícil de evitar", uma curiosidade selvagem, uma falta de educação, uma falta, sim, de timidez.[60] (ACN, p.73)

> Em caso de cinema, a título de exemplo.
>
> Filma-se o quarto iluminado pela luz da rua. Nessas imagens, modera-se o som, ele é deixado na sua distância habitual assim como os barulhos da rua: assim como o *ragtime* e a Valsa. Filmam-se os amantes adormecidos, o Romance Popular do Livro.
>
> Filma-se também a luz pobre, pungente, dos lampiões da rua.[61] (*ACN*, p.84)

M. Issacharoff agrupa as didascálias técnicas na categoria *extratexto didascálico*, uma vez que elas não seriam verdadeiramente didascálias e teriam o mesmo estatuto de qualquer extratexto escrito pelo autor de uma peça.

---

60 *Dans le cas d'un film tiré de ce livre-ci, il ne faudrait pas que l'enfant soit d'une beauté seulement belle. Cela serait peut-être dangereux pour le film. Il s'agit d'autre chose qui joue en elle, l'enfant, de "difficile à éviter", d'une curiosité sauvage, d'un manque d'éducation, d'un manque, oui, de timidité.*

61 *En cas de cinéma à titre d'exemple.*
On filme la chambre éclairée par la lumière de la rue. Sur ces images-là on retient le son, on le laisse à sa distance habituelle de même que les bruits de la rue: de même que le ragtime et la Valse. On filme les amants endormis, Le Roman Populaire du Livre.
On filme aussi la lumière pauvre, navrante, des lampadaires de la rue.

Qual seria o estatuto das notas de *L'amant de la Chine du Nord*? Estariam no mesmo nível do prefácio? Pensemos na definição de Gérard Genette para nota de rodapé. Segundo ele, a nota seria um enunciado de tamanho variável, relativo a um segmento mais ou menos determinado do texto e disposto em referência a esse segmento. A principal diferença entre a nota e o prefácio seria, para Genette, o caráter parcial daquela; enquanto a nota remete a um determinado ponto do texto, o prefácio diz respeito ao texto todo. Quanto aos destinadores das notas, Genette faz várias distinções:

> Existem notas autorais assuntivas, certamente as mais freqüentes, às vezes assinadas, para maior certeza, com as iniciais do autor ... e notas autorais denegativas, como as da *Nouvelle Héloïse* ou de *Oberman*, que prolongam evidentemente a ficção denegativa do prefácio. Alográficas autênticas, todas as notas de editores nas edições mais ou menos críticas, ou as notas de tradutores. Actoriais autênticas, as notas acrescentadas a uma biografia ou a um estudo crítico pelo próprio biografado ou objeto do estudo ... Autorais fictícias, em Scott, certas notas de "Laurence Templeton" para *Ivanhoé* ... Alográficas fictícias, as de "Charles Kimbote" no poema de "John Shade" em *Feu pâle*. Actoriais fictícias, as notas de personagens-narradoras como Tristam Shandy. (1987, p.296)

Levando em conta a distinção de Genette, pode-se pensar nas notas de *L'amant de la Chine du Nord* como notas autorais, ou reivindicadas por um destinador que se declara autor do texto: "A autora prefere esta última opção"[62] (*ACN*, p.28).

Quanto ao prefácio, por ter como assinatura um nome que coincide com o da autora real do livro, também foi por nós considerado como autoral. O que interessa não é saber se ele realmente foi escrito pela autora do livro, mas compreender o efeito produzido. Como explica Genette, o redator efetivo do prefácio (ou das notas, ousamos aqui acrescentar) não importa; o que é relevante é seu pretenso autor, identificado por menção explícita (assinatura, por exemplo) ou por indícios indiretos. Claro está, pois, que as notas, assim como o prefácio, têm um destinador diferente do narrador do livro. Funcionam como uma voz exterior à narrativa propriamente dita e podem ter caráter técnico.

62 *L'auteur préfère cette dernière proposition.*

Mas em *L'amant de la Chine du Nord* as notas de rodapé não são o único extratexto com funções de orientação técnica para uma possível encenação. Ao final do livro, terminada a narrativa, algumas páginas sugerem imagens que poderiam ser utilizadas no caso da realização de um filme tirado do livro. A voz que faz as sugestões enuncia em primeira pessoa, contrariamente ao narrador de *L'amant de la Chine du Nord*, que emprega o tempo todo a terceira pessoa:

> As imagens propostas abaixo poderiam servir à pontuação de um filme tirado deste livro ... Elas seriam distribuídas no filme segundo a vontade do diretor e não determinariam em nada a história. As imagens propostas poderiam ser retomadas a qualquer momento, à noite, durante o dia, na estação da seca, na estação das chuvas. Etc...
>
> Vejo essas imagens como algo exterior que o filme teria, um "país", o destas pessoas do livro, a região do filme. E somente dele, do filme, sem nenhuma referência de conformidade.[63] (*ACN*, p.243)

São muitas as imagens propostas. Optou-se por citar aqui apenas algumas delas:

> Um rio vazio na sua imensidão numa noite indecisa, relativa.
>
> O dia que nasce sobre o rio. Sobre o arroz. Sobre as estradas retas e brancas que atravessam a imensidão sedosa do arroz...
>
> As estradas da Cochinchina francesa em 1930...
>
> Crianças e os cães amarelos que vigiam, dormindo sob o sol diante das palhoças vazias.[64] (*ACN*, p.243-5).

---

63 *Les images proposées ci-dessous pourraient servir à la ponctuation d'un film tiré de ce livre ... Elles seraient distribuées dans le film au gré du metteur en scène et ne décideraient en rien de l'histoire. Les images proposées pourraient être reprises à tout moment, la nuit, le jour, à la saison sèche, à la saison des pluies. Etc...*
Je vois ces images comme un dehors qu'aurait le film, un "pays", celui des ces gens du livre, la contrée du film. Et seulement de lui, du film, sans aucune référence de conformité.

64 *Un fleuve vide dans son immensité dans une nuit indécise, relative.*
Le jour qui se lève sur le fleuve. Sur le riz. Sur les routes droites et blanches qui traversent l'immensité soyeuse du riz...
Les routes de la Cochinchine française em 1930...
Des enfants et les chiens jaunes qui gardent, qui dorment en plein soleil devant des paillotes vides.

São também propostos certos "planos orais":

> E os planos orais também interviriam:
> Frases de ordem geral sem conseqüência sobre o filme...
> Cantos vietnamitas seriam entoados (várias vezes cada um para que se pudesse retê-los), eles não seriam traduzidos.[65] (*ACN*, p.245-6)

Tomando, pois, a totalidade do livro (incluindo o paratexto: prefácio, notas de rodapé e proposta de imagens), quantas camadas textuais, quantos níveis enunciativos haveria em *L'amant de la Chine du Nord*? Pode-se pensar em uma camada textual que abrangeria o livro como um todo, incluindo a instância paratextual (prefácio, notas e propostas de imagens para o filme); outra camada que compreenderia a narrativa propriamente dita, incluindo os diálogos; e uma última que se restringiria justamente aos diálogos, que são inúmeros. Em praticamente todas essas instâncias, percebem-se referências à intersemiose:

> Ela permaneceu a mesma do livro...[66] (*ACN*, p.36)

> Ele está mais "para o cinema" do que aquele do livro.[67](*ACN*, p.36).

> Em caso de filme tudo se passaria pelo olhar.[68] (*ACN*, p.172)

> As imagens propostas abaixo poderiam servir à pontuação de um filme tirado deste livro.[69](*ACN*, p.243)

L'amant de la Chine du Nord pode ser entendido como possibilidade de realização fílmica de *L'amant*, recriação romanesco-

---

65 *Et les plans oraux aussi interviendraient:*
Des phrases d'ordre général sans conséquence sur le film...
Des chants vietnamiens seraient chantés (plusieurs fois chacun pour qu'on les retienne), ils ne seraient pas traduits.

66 *Elle, elle est restée celle du livre...*

67 *Il est plus "pour le cinéma" que celui du livre.*

68 *En cas de film tout se passerait par le regard.*

69 *Les images proposées ci dessous pourraient servir à la ponctuation d'un film tiré de ce livre.*

cinematográfica, reescritura que passeia entre meios de expressão. É mais um dos livros possíveis, dos filmes possíveis... É mais um dos possíveis da escritura.

PARTE II

2 O EFEITO AUTOBIOGRÁFICO: L'AMANT

Como já dissemos anteriormente, na incessante reescritura em que se constitui a obra de Marguerite Duras, há elementos repetidos obsessivamente. A mãe, a Indochina, a mendiga indiana, o romance com o chinês mais velho, a figura de Anne-Marie Stretter, e ainda outras personagens e situações são retomadas em textos que parecem fazer parte de uma trajetória, de uma busca. Mas essa busca visaria à escritura ou à vida? Seriam autobiográficos todos esses elementos repetidos obsessivamente? A reescritura poderia ser vista como um ato de refazer, reinventar o vivido?

É sabido que aspectos autobiográficos permeiam todos os momentos da produção durassiana. Mas tal fato bastaria para caracterizar a obra da escritora como autobiográfica? Cabe lembrar que, até 1984, a autora pouco havia escrito em primeira pessoa, condição que, segundo Philippe Lejeune (1973), faz parte da definição de *autobiografia clássica*. Como analisar, pois, o autobiográfico na obra de Duras? De que modo esse aspecto integraria a grande busca durassiana?

A publicação de *L'amant*, em 1984, constitui um grande marco na produção da escritora, sobretudo no que diz respeito ao aspecto autobiográfico. Todos os dados ditos autobiográficos esparsos na produção anterior surgem agora reunidos, organizados em uma narrativa em primeira pessoa. Um narrador feminino rememora fatos e faz confissões sobre seu passado. E nas histórias desse passado reconhecem-se inúmeros elementos de obras anteriores de Marguerite Duras. A narrativa retrospectiva, o tom confessional, o caráter de busca das origens e a presença de episódios ditos autobiográficos foram alguns dos traços que fizeram com que grande parte do público recebesse *L'amant* como uma autobiografia.

Não haveria, no entanto, por parte dos que vêem no livro em questão uma autobiografia propriamente dita, certa confusão entre autor e narrador? Será válido pensar no autobiográfico em Marguerite Duras como algo ligado à realidade exterior ao texto e passível de ser comprovado pelo exame da biografia da autora? Defenderemos uma tese contrária: o aspecto autobiográfico de *L'amant* será analisado como um efeito de sentido produzido pela escritura.

Utilizando-se de recursos tais como o narrador em primeira pessoa, a técnica da evocação e a própria reescritura, a narrativa de *L'amant* provoca um *efeito autobiográfico*, o que pode levar um leitor menos atento a ler a obra como se estivesse diante de autobiografia propriamente dita. E o que dizer da irrupção do pronome *elle* na narrativa até então homodiegética? Seria uma quebra nesse efeito autobiográfico? Uma marca do ficcional? O jogo de pronomes é, na verdade, um dos procedimentos fundadores da ambigüidade que faz que *L'amant* (e a obra durassiana de um modo geral) brinque com a fronteira entre ficção e autobiografia, imaginação e vida.

Procurar-se-á estudar, neste capítulo e no que o segue, a maneira pela qual o efeito autobiográfico é produzido e de que forma ele integra a grande busca da obra de Marguerite Duras.

UM PACTO SINGULAR

Philippe Lejeune (1973, p.138) define a autobiografia como uma narrativa retrospectiva em prosa que uma pessoa real faz de sua própria vida, enfocando particularmente a história de sua personalidade. Tal definição implicaria elementos de quatro categorias diferentes: *forma da linguagem* (narrativa, prosa), *assunto tratado* (vida individual), *situação do autor* (identidade entre o autor, cujo nome remete a uma pessoal real, e narrador) e *posição do narrador* (identidade entre narrador e personagem principal, e perspectiva retrospectiva da narrativa). Seria autobiografia, para Phillipe Lejeune, toda obra que preenchesse as condições indicadas em cada uma das categorias. A identidade entre as instâncias do autor, do narrador e da personagem teria elevada importância e seria marcada, mais freqüentemente, pelo emprego da primeira pessoa, o que Genette chama de narração *autodiegética*. O *pacto autobiográfico* residiria, segundo Lejeune (ibidem, p.147), na afirmação, no texto, dessa identidade autor-narrador-personagem, remetendo ao nome do autor na capa.

L'amant reúne várias das características arroladas acima, contudo apresenta também traços que não condizem com a autobiografia e evidenciam o caráter ficcional. Haveria pacto autobiográfico no livro de Marguerite Duras?

Em primeiro lugar, não se pode falar em identidade propriamente dita entre autor, narrador e personagem. Estas duas últimas instâncias realmente se identificam, porém não há nomes no texto de *L'amant*; portanto, não se pode afirmar a coincidência de narrador e personagem com o nome da autora na capa do livro. O que pode existir (e falar-se-á sobre isso mais tarde) é uma sincronia entre enunciador, narrador e personagem.

A ausência de nomes, e daí a impossibilidade de associar narrador e personagem a autor, seria dado suficiente para classificar *L'amant* como o que Phillipe Lejeune (1973, p.146) chama de *romance autobiográfico*? Esta última noção refere-se, segundo Lejeune, aos textos de ficção nos quais o leitor acredita detectar indícios de uma possível identidade entre os autores e personagem, identidade esta que o autor nega, ou, pelo menos, não afirma.

Em "Le pacte autobiographique (bis)" (1983), Phillipe Lejeune afirma que subestimou, em "Le pacte autobiographique" (1973), três aspectos necessários para que um texto seja percebido como autobiografia: o conteúdo do texto (uma narrativa retrospectiva, que recapitula uma vida), as técnicas narrativas (em particular o jogo de vozes e de focalização) e o estilo. Distinguindo as técnicas que são mais freqüentes no romance autobiográfico das que predominam na autobiografia, Phillipe Lejeune observa que o leitor não percebe da mesma maneira um texto que começa focalizando a experiência de uma personagem e outro que, desde o início, dá voz a um narrador:

> O leitor não percebe da mesma maneira um texto que começa focalizando a experiência de uma personagem ... e um texto que faz ouvir desde o início a voz de um narrador ... O emprego da primeira técnica é mais freqüente nos romances ou na reportagem, o emprego da segunda na autobiografia. (1983, p.423)

Ora, *L'amant* faz ouvir, desde o princípio, a voz de um narrador que se identifica com a personagem principal. Mas de que maneira é percebido pelo leitor? Ou melhor, de que maneira quer ser percebido pelo leitor? Como autobiografia? Como romance autobiográfico? Ou como um texto que, para ressaltar um sentido maior, cria efeitos ao mesmo tempo de ficção e de autobiografia?

Narrador(a) autoconsciente

Logo no primeiro parágrafo do texto de *L'amant*, depara-se com um *eu* iniciando uma narrativa do passado:

> Um dia, eu era já idosa, no saguão de um lugar público, um homem veio até mim. Apresentou-se e disse-me: "Eu a conheço desde sempre. Todos dizem que era bela quando jovem, vim para dizer-lhe que a acho mais bela agora do que em sua juventude, eu gostava menos do seu rosto de moça do que deste de agora, devastado".[1] (*A*, p.9)

Há um narrador, explicitamente instalado, que diz *eu* e que começa por apresentar, por meio de uma fala reportada, uma es-

---

1 *Un jour, j'étais âgée déjà, dans le hall d'un lieu public, un homme est venu vers moi. Il s'est fait connaître et il m'a dit: "Je vous connais depuis toujours. Tout le monde dit que vous étiez belle lorsque vous étiez jeune, je suis venu pour vous dire que pour moi je vous trouve plus belle maintenant que lorsque vous étiez jeune, j'aimais moins votre visage de jeune femme que celui que vous avez maintenant, dévasté".*

pécie de retrato seu. Esse narrador, por enunciar-se como um *eu* feminino, será aqui chamado de *narradora*; são muitas as marcas de feminino, tais como adjetivos e particípios de verbos:

> Um dia, eu era já idosa.[2] (*A*, p.9)

> Eu poderia enganar-me, acreditar que sou bela como as mulheres belas, como as mulheres para as quais todos olham, porque me olham muito.[3] (*A*, p.26)

> Serei a primeira a partir.[4] (*A*, p.31)

> Sou a preferida de sua vida.[5] (*A*, p.79)

A narradora que diz *eu* e que se identifica com a personagem principal marca, segundo termos da semiótica greimasiana, uma *desembreagem* enunciativa. A escolha desse tipo de desembreagem, ou seja, a escolha da pessoa *eu*, associada às marcas da enunciação deixadas no enunciado, caracteriza uma *enunciação enunciada*. Todo enunciado pressupõe uma enunciação, que permanece implícita. Quando o *sujeito da enunciação*, sempre implícito e pressuposto, delega voz a um *narrador* que instala um *narratário* (os dois últimos explicitados no enunciado), e esse narrador diz *eu*, assumindo também um papel actancial na narrativa, tem-se a enunciação enunciada. Diana Luz Pessoa de Barros considera os discursos em primeira pessoa como exemplos de enunciação enunciada, nos quais narrador e narratário seriam "simulacros discursivos do enunciador e do enunciatário implícitos" (1985, p.133). José Luiz Fiorin reserva a expressão *enunciação enunciada* para "o conjunto de marcas, identificáveis no texto, que remetem à instância de enunciação" (1996, p.36). Comporiam, pois, a enunciação enunciada, adjetivos, advérbios apreciativos, verbos e substantivos que denotam subjetividade, dêiticos etc.

2 *Un jour, j'étais âgée déjà.*
3 *Je pourrais me tromper, croire que je suis belle comme les femmes belles, comme les femmes regardées, parce qu'on me regarde beaucoup.*
4 *Je serai la première à partir.*
5 *Je suis la preférée de sa vie.*

Em *L'amant*, além de haver uma narradora que diz *eu*, assumindo um papel actancial na narrativa (personagem) e outro na narração (narradora), são inúmeras as marcas da enunciação deixadas no enunciado. Assim como os narradores de *L'Éden cinéma*, também a narradora de *L'amant* mostra-se consciente de seu papel. Essa autoconsciência é expressa de forma a evidenciar a escritura, como mostram os exemplos abaixo:

> Tudo está aí e nada está ainda representado, vejo nos olhos. Quero escrever.[6] (*A*, p.29)

> De meu amante de Cholen ela dizia o mesmo que o irmão mais velho. Não escrevo essas palavras.[7] (*A*, p.72)

Nas passagens transcritas, os verbos *écrire* e *dire* referem-se ao próprio ato enunciativo, desnudam o processo de escritura, de composição do texto. A narrativa assume-se como narrativa, a narradora apresenta-se como alguém que relata uma história. É o que aqui se prefere nomear *autoconsciência*, semelhante ao que Dominique Maingueneau (1996, p.181) chama de *reflexividade* ou *auto-referência* e define como fenômeno por meio do qual o discurso se refere à sua própria atividade enunciativa. Ora, o discurso de *L'amant* refere-se o tempo todo à atividade enunciativa, revelando-a, tornando-a explícita. Tal procedimento é freqüente nos textos de Marguerite Duras, nos quais a linguagem reflete sua própria enunciação, e a escritura parece ser o objeto de pesquisa de si mesma.

A narradora autoconsciente, que desde o início do texto deixa claro que escreve, que narra uma história – a sua própria –, embora não firme exatamente um pacto autobiográfico nos moldes definidos por Phillipe Lejeune, não deixa de causar certa impressão de realidade, de narrativa de fatos vivenciados. Tal impressão faz parte do que está sendo chamado aqui de *efeito autobiográfico* – efeito de sentido produzido por uma série de recursos enunciativos,

6 *Tout est là et rien n'est encore joué, je le vois dans les yeux. Je veux écrire.*
7 *De mon amant de Cholen elle disait comme le frère aîné. Je n'écris pas ces mots.*

tais como a narrativa em primeira pessoa, a organização dos acontecimentos narrados baseada na memória, as relações entre narrador e narratário, a reescritura...

A reescritura, aliás, torna-se explícita por meio da autoconsciência, da auto-referencialidade de *L'amant*. A narradora não demonstra apenas que *escreve*, mas que *reescreve*:

> Escrevi muito sobre essas pessoas da minha família, mas enquanto eu o fazia eles estavam vivos ainda, a mãe e os irmãos, e eu escrevi em torno deles, em torno dessas coisas sem ir até elas...
>
> A história de uma pequena parte da minha juventude eu mais ou menos já escrevi.[8] (*A*, p.14)

L'amant mostra-se como reescritura; a narradora afirma que já escreveu sobre si, sobre a família. Ora, tal afirmação não deixa de remeter aos muitos episódios e personagens de outros livros de Duras, que são retomados em *L'amant*. A narradora coloca-se, pois, como produtora de outros textos, emaranhando níveis enunciativos. Esse procedimento será mais profundamente analisado no capítulo seguinte desta obra; por ora, cabe dizer que ele é bastante significativo para a criação do efeito autobiográfico. À medida que a narradora assume situações narradas em outros livros, ensaia-se uma identificação entre personagem, narradora e autora – não a autora real, cujo nome figura na capa do livro, mas uma instância responsável por um conjunto de textos.

Outra marca de autoconsciência narrativa é a constituída pelas referências a um narratário, que serão estudadas a seguir.

O narratário de *L'amant*

Antes de retomar os termos *narrador* e *narratário*, observe-se o que Diana Luz Pessoa de Barros (1985) esclarece, da perspectiva

---

8 *J'ai beaucoup écrit de ces gens de ma famille, mais tandis que je le faisais ils vivaient encore, la mère et les frères, et j'ai écrit autour d'eux, autour de ces choses sans aller jusqu'à elles...*
L'histoire d'une toute petite partie de ma jeunesse je l'ai plus ou moins écrite déjà.

da teoria semiótica, a respeito das relações entre enunciador e enunciatário:

> Enunciador e enunciatário são desdobramentos do sujeito da enunciação que cumprem os papéis actanciais de destinador e de destinatário do objeto-discurso. Dessa forma, o enunciador coloca-se como destinador-manipulador, responsável pelos valores do discurso e capaz de levar o enunciatário, seu destinatário, a crer e a fazer. O fazer manipulador realiza-se no e pelo discurso, como um fazer persuasivo. O enunciatário, por sua vez, manipulado cognitiva e pragmaticamente pelo enunciador, cumpre os papéis de destinatário-sujeito, ainda que o fazer pretendido pelo enunciador não se realize. O fazer interpretativo do enunciatário, que responde ao fazer persuasivo do enunciador, ocorre também no discurso-enunciado. (p.156)

Estabelece-se entre enunciador e enunciatário uma relação de manipulação, que prevê um contrato fiduciário, isto é, um contrato de veridicção que determina o estatuto veridictório do discurso. Esse estatuto depende de vários fatores, entre os quais o tipo de discurso, pois o que é válido para um artigo de jornal não o é, por exemplo, para o texto literário. O contrato proposto pelo enunciador determina o modo pelo qual o enunciatário deve interpretar a verdade do discurso. Tal interpretação dependerá da aceitação desse contrato, bem como da persuasão do enunciador, que deverá levar o enunciatário a encontrar as marcas de veridicção do discurso e crer, ou seja, assumir "as posições cognitivas formuladas pelo enunciador" (Barros, 1985, p.158). A verdade e a falsidade discursivas são, pois, constituídas pelo enunciador, como efeitos de sentido.

Voltando a *L'amant*, que tipo de discurso é percebido? É possível pensar em um discurso literário, que oscila entre o autobiográfico e o ficcional. O contrato de veridicção proposto em *L'amant* passa pela criação de um efeito autobiográfico e de um efeito de ficção (ao qual se fará referência mais adiante) e funda-se nessa ambigüidade. E é dessa forma que deve ser interpretado pelo narratário: como um discurso ficcional e autobiográfico, mas sobretudo literário.

Enunciador e enunciatário são instâncias pressupostas. No discurso narrativo, o enunciador delega voz ao *narrador*. Este "assume a palavra em nome de um enunciador pressuposto" (Barros, 1985, p.175) e fala a um *narratário*. Enquanto enunciador e enunciatário são implícitos, seus simulacros discursivos – o narrador e o narratário – são atores explicitamente instalados por meio da desembreagem actancial.

Ao se abordar esse *tu* da narrativa, não se pode deixar de recorrer às noções desenvolvidas por Gerald Prince, um dos primeiros a estudar a questão do narratário. Prince explica que toda narração pressupõe um narratário, e que este é um ser fictício, assim como o narrador:

> Toda narração, seja ela escrita ou oral, referindo-se a acontecimentos verídicos ou míticos, contando uma história ou uma simples série de ações no tempo, pressupõe não somente (ao menos) um narrador, mas também (ao menos) um narratário, isto é, alguém a quem o narrador se dirige. Em uma narração-ficção – em um conto, epopéia ou romance – o narrador é um ser fictício, como seu narratário. (1994-1995, p.1)

G. Prince observa que o narratário não deve ser confundido com o leitor virtual nem tampouco com o leitor real ou com o leitor ideal da narrativa. E enumera as características do *narratário grau zero*. Este conhece a língua daquele que narra, é dotado de excelente memória, ignora tudo a respeito das personagens e dos acontecimentos que lhe são apresentados e não conhece nenhum outro texto. Ora, uma narrativa pode muito bem contradizer essas características, dirigindo-se a um narratário com traços diferentes. A partir desses desvios em relação às características do narratário grau zero, constitui-se, segundo Gerald Prince, o perfil de um narratário específico. Considerando que toda narração se compõe de sinais para um narratário, Prince (1994-1995, p.9) distingue duas grandes categorias de textos: os que não apresentam nenhuma referência ao narratário e os que o definem como um narratário específico, diferenciando-o do narratário grau zero.

O narratário de *L'amant* é, sem dúvida, um narratário específico, que faz parte dos efeitos de sentido criados no texto. São várias as referências explícitas a um narratário, destinatário da narrativa retrospectiva e confessional, e pronomes de segunda pessoa são marcas evidentes:

> Que eu vos diga mais uma vez, tenho quinze anos e meio.[9] (*A*, p.11)

> Que eu vos diga também o que era, como era.[10] (*A*, p.94)

Uma das marcas do narratário arroladas por Gerald Prince refere-se a passagens do texto que se transformam em perguntas:

> Há ainda muitas vezes, numa narrativa, numerosas passagens que, mesmo não contendo aparentemente nenhuma referência – ainda que ambígua – a um narratário, o descrevem com maior ou menor precisão. É assim que certas partes de uma narração podem se apresentar em forma de perguntas ou de pseudoperguntas. Às vezes, essas perguntas não emanam nem de uma personagem, nem do narrador que se contenta em repeti-las. É preciso, então, atribuí-las ao narratário e observar o tipo de curiosidade que o anima, o tipo de problemas que gostaria de resolver. (1994-1995, p.11)

Em *L'amant*, há trechos que contêm respostas para possíveis interrogações do narratário; o exemplo a seguir ilustra esses casos:

> Na balsa, ao lado do ônibus, há uma grande limusine preta com um motorista de libré de algodão branco. Sim, é o grande carro fúnebre de meus livros. É o Morris Léon-Bollée.[11] (*A*, p.25)

A palavra *oui* (sim) funciona como resposta a uma possível indagação. Como se verá mais adiante, no capítulo referente à reescritura, a limusine preta – a Morris Léon-Bollée – já aparecera em outros livros de Marguerite Duras, anteriores a *L'amant*. A narradora coloca-se como produtora de outros textos, de outros livros, e configura um narratário que conheça esses outros textos e que se pergunte, ao ler sobre o carro: "É o mesmo carro dos outros livros?". Esse narratário não é de modo algum o narratário grau zero, que não conhece outros textos. O narratário de *L'amant*, ao

---

9 *Que je vous dise encore, j'ai quinze ans et demi.*

10 *Que je vous dise aussi ce que c'était, comment c'était.*

11 *Sur le bac, à côté du car, il y a une grande limousine noire avec un chauffeur en livrée de coton blanc. Oui c'est la grande auto funèbre de mes livres. C'est la Morris Léon-Bollée.*

contrário, conhece outros textos, e sua memória não é apenas intratextual, mas intertextual. Não apenas o narrador, mas também o narratário participa do processo de reescritura e da produção do efeito autobiográfico. Se a narradora, ao apresentar-se como responsável por outros textos – livros – cria uma certa ilusão referencial, o narratário, ao ser dado como conhecedor desses livros, atesta o caráter autobiográfico dos acontecimentos relatados.

Gerald Prince assinala que as relações entre narrador e narratário podem reforçar ou desmentir determinados temas, geralmente ligados à situação narrativa. Qual seria o tema ressaltado pela relação narradora/narratário em *L'amant*? A vida? Ou a própria narrativa? Esta é, aliás, uma das grandes questões do livro que se está abordando neste capítulo e da obra de Marguerite Duras de modo geral. Qual o caminho escolhido: vida ou escritura?

Em *L'amant*, a enunciação, ao mesmo tempo que produz efeitos de sentido de autobiografia, chama a atenção para si própria. A interação entre a narradora que relata a vida e o narratário a quem se destina esse relato contribui tanto para criar efeito autobiográfico quanto para destacar a própria narrativa. É na ligação com o narratário, sobretudo nas referências explícitas a ele, que a autoconsciência da narradora se mostra de maneira mais clara. Vida e narrativa, vida narrada, narrativa de vida – eis o grande tema que se depreende do relacionamento entre as várias instâncias que compõem *L'amant*: (narradora, narratário, personagem...).

Pode-se perceber que *L'amant* é uma narrativa retrospectiva, assumida por uma narradora que se identifica com a personagem principal e que direciona sua palavra a um narratário específico. Produz-se, como se vem reiterando aqui, um *efeito autobiográfico*, mas não se firma o *pacto autográfico*, entendido segundo a teoria de Phillipe Lejeune. Como afirma Aliette Armel (1996, p.16-7), os mesmos elementos que servem para ressaltar os aspectos exteriores do pacto fazem pairar dúvidas sobre a pertinência da obra ao gênero autobiográfico. Para Lejeune, autobiografia e biografia são textos referenciais, pretendem fornecer uma informação sobre uma realidade exterior ao texto e, assim, submeter-se a uma prova de verificação. Ora, em *L'amant*, como bem observa Aliette Armel, parece haver uma vontade explícita de tornar essa verificação impossível. Não há nomes nem datas sobre as circunstâncias que levam à escritura do livro. O pacto baseado no nome próprio não existe.

Seria possível pensar, pois, em *romance autobiográfico*, como se cogitou no início deste capítulo? Phillipe Lejeune (1973) destaca que os procedimentos empregados pela autobiografia podem ser copiados, imitados pelo romance. Mas será que *L'amant* realmente "copia" todos os recursos utilizados pela autobiografia? Como já se disse aqui quando se abordava a relação narradora/narratário, há também outros efeitos. Lejeune explica que o romance autobiográfico engloba tanto narrativas "pessoais" (com identidade do narrador e da personagem) como narrativas "impessoais" (com personagens designadas na terceira pessoa). Há momentos em *L'amant* em que a narrativa pessoal dá lugar a uma narrativa aparentemente impessoal, conduzida sobre um pronome de terceira pessoa – *elle*. Não se pode, no entanto, tomar por base esse fato para tentar classificar o livro como romance autobiográfico. A alternância de pronomes (e serão tecidas considerações a esse respeito mais adiante) acentua justamente a ambigüidade do texto. É, na verdade, tarefa inútil a de tentar enquadrar *L'amant* nos moldes da autobiografia ou do romance autobiográfico. Como afirma Maria Cecília de Moraes Pinto, "a questão preliminar de distinguir autobiográfico e autobiografia não pode ser eludida, sobretudo nessa escritora que se reitera até a obsessão" (1996a, p.221).

Este estudo não se deterá, portanto, em distinções ou tentativas de classificação, mas no exame dos efeitos de sentido: efeitos de ficção e efeito autobiográfico. O tema abordado na próxima seção, a memória, é de grande importância na construção do efeito autobiográfico.

O FLUIR DA MEMÓRIA

L'amant inicia-se com uma referência ao rosto da narradora. Esta conta que um dia, quando era já idosa, um homem lhe disse que a achava mais bonita com seu "rosto devastado" de então do que com a fisionomia que ela tivera na juventude.

As primeiras linhas do texto oferecem já uma primeira caracterização dessa narradora/personagem: a simples menção ao rosto devastado funciona como um retrato a partir do qual se desenrola a narrativa. Essa referência ao rosto logo no início do livro revela o caráter de confissão, de desnudamento de si mesmo. Aliette Armel lembra que, na época da difusão de *L'amant*, fora colocado nas livrarias um cartaz com o rosto de Marguerite Duras diante do espelho, e associa essa imagem à descrição inicial do livro:

> O livro se abre com uma descrição do rosto da locutora, não deixando nenhuma dúvida sobre sua identificação com Marguerite Duras: o aspecto físico da autora é aliás lembrado, no momento da divulgação de *L'amant* ... por um cartaz colocado nas livrarias no qual Marguerite Duras olha em um espelho esse rosto, ponto de partida da escritura de *L'amant*. (1996, p.15-6)

Por mais tentador que possa parecer identificar, como faz Aliette Armel, a imagem da narradora e a imagem da autora de carne e osso, nosso estudo não enveredará por tal caminho; o exame que se busca fazer aqui, como já foi esclarecido, é o dos efeitos de sentido criados no texto e nas relações entre os vários textos. O rosto de que se falará aqui será, portanto, o da narradora/personagem.

Numa narrativa de tom subjetivo, em que um *eu* faz uma retrospectiva de sua vida, fazer alusão ao rosto logo no início é como explicar o que motivou a própria narrativa. Como afirma Aliette Armel, as primeiras linhas do texto evocam a situação que provocou o desejo de relatar o passado. Um homem faz reflexão sobre a evolução do rosto da narradora, e isso funciona como uma espécie de desencadeador da narrativa. A narradora se diz marcada por essa imagem:

> Penso freqüentemente nessa imagem que só eu vejo e da qual jamais falei. Ela está sempre lá no mesmo silêncio, fascinante. É entre todas a que me faz gostar de mim mesma, aquela em que me reconheço, em que me encanto.[12] (*A*, p.9)

E fala ela mesma de seu semblante, de seu rosto destruído. Diz que envelheceu aos dezoito anos:

---

12 *Je pense souvent à cette image que je suis seule à voir encore et dont je n'ai jamais parlé. Elle est toujours là dans le même silence, émerveillante. C'est entre toutes celle qui me plaît de moi-même, celle où je me reconnais, où je m'enchante.*

> Aos dezoito anos envelheci. Não sei se é com todo mundo, nunca perguntei. Parece-me que me falaram desse impulso do tempo que nos atinge quando atravessamos as idades mais jovens, mais celebradas da vida. Esse envelhecimento foi brutal. Eu o vi ganhar meus traços um a um, mudar a ligação que havia entre eles, tornar os olhos maiores, o olhar mais triste, a boca mais definitiva, marcar a testa com sulcos profundos.[13] (*A*, p.9-10)

Descreve o próprio rosto marcado pelas rugas:

> Tenho um rosto lacerado por rugas secas e profundas, de pele marcada. Ele não se abateu como certos rostos de traços finos, guardou os mesmos contornos, mas sua matéria está destruída. Tenho um rosto destruído.[14] (*A*, p.10)

O rosto é o ponto de partida da narrativa. A situação na qual o homem alude ao semblante da narradora faz que ela reflita sobre esse semblante e sobre sua vida, leva-a a pensar em como se deu esse envelhecimento. Ele a remete à época em que tinha quinze anos e meio e em que o rosto não estava ainda destruído, devastado. A alusão do homem ao rosto transporta a narradora para o passado, para um tempo em que ainda não era tarde demais. As lembranças vão sendo evocadas. Surge o desejo de narrar esse passado, de revivê-lo, revisitá-lo pela escritura. A narradora resgata, unicamente por meio da narrativa, um tempo e um espaço longínquos:

> É a passagem de uma balsa sobre o Mékong ...
>
> Tenho quinze anos e meio, não há estações naquele país, vivemos em uma estação única, quente, monótona, estamos na longa zona quente da Terra, sem primavera, sem renovação.[15] (*A*, p.11)

---

13 *À dix-huit ans j'ai vieilli. Je ne sais pas si c'est tout le monde, je n'ai jamais demandé. Il me semble qu'on m'a parlé de cette poussée du temps qui vous frappe quelquefois alors qu'on traverse les âges les plus jeunes, les plus célébrés de la vie. Ce vieillissement a été brutal. Je l'ai vu gagner mes traits un à un, changer le rapport qu'il y avait entre eux, faire les yeux plus grands, le regard plus triste, la bouche plus définitive, marquer le front de cassures profondes.*

14 *J'ai un visage lacéré de rides sèches et profondes, à la peau cassée. Il ne s'est pas affaissé comme certains visages à traits fins, il a gardé les mêmes contours mais sa matière est détruite. J'ai un visage détruit.*

15 *C'est le passage d'un bac sur le Mékong ...*
J'ai quinze ans et demi, il n'y a pas de saisons dans ce pays-là, nous sommes dans une saison unique, chaude, monotone, nous sommes dans la longue zone chaude de Terre, pas de printemps, pas de renouveau.

Assim a narradora volta ao início, à juventude. *L'amant*, como observa Aliette Armel (1996), é apresentado como uma busca das origens, uma tentativa de recuperar a época em que o rosto ainda estava intacto. E o que faz que a narrativa resgate o passado é a memória. A técnica de evocação, freqüente nos textos de Marguerite Duras, faz-se presente em *L'amant* de maneira a conduzir o ritmo da narrativa. A narradora recorda-se da época em que tinha quinze anos e meio, da mãe, dos irmãos, do envolvimento com o chinês, do pensionato... E narra, organizando seu discurso em função das lembranças. São inúmeros os exemplos de emprego do verbo *se souvenir*, bem como de expressões que remetem ao ato de recordar-se:

> É um vestido do qual me lembro. Acho que ele me cai bem. Coloquei um cinto de meus irmãos. Não me lembro dos sapatos que eu usava naqueles anos mas somente de certos vestidos.[16] (*A*, p.18)

A ambigüidade determinante da imagem está nesse chapéu.

> Como ele chegara até mim, eu esqueci. Não imagino quem me teria dado. Creio que foi minha mãe que o comprou e a meu pedido. Única certeza, era uma liquidação. Como explicar aquela compra? Nenhuma mulher, nenhuma moça usava chapéu de feltro masculino naquela colônia naquela época ... Eis o que deve ter acontecido, eu experimentei aquele chapéu, por brincadeira, olhei-me no espelho do vendedor e vi: sob o chapéu de homem, a magreza ingrata da forma, aquele defeito da infância, tornou-se outra coisa.[17] (*A*, p.19-20)

16 *C'est une robe dont je me souviens. Je trouve qu'elle me va bien. J'ai mis une ceinture de mes frères. Je ne me souviens pas des chaussures que je portais ces années-là mais seulement de certaines robes.*

17 *L'ambiguité déterminante de l'image, elle est dans ce chapeau.*
Comment il était arrivé jusqu'à moi, je l'ai oublié. Je ne vois pas qui me l'aurait donné. Je crois que c'est ma mère qui me l'a acheté et sur ma demande. Seule certitude, c'était un solde soldé. Comment expliquer cet achat? Aucune femme, aucune jeune fille ne porte de feutre d'homme dans cette colonie à cette époque-là ... Voilà ce qui a dû arriver, c'est que j'ai essayé ce feutre, pour rire, comme ça, que je me suis regardée dans le miroir du marchand et que j'ai vu: sous le chapeau d'homme, la minceur ingrate de la forme, ce défaut de l'enfance, est devenue autre chose.

No exemplo anterior, fica claro que a narrativa se desenrola sob o fluir da memória; esta última orienta o narrar. A narradora, ao referir-se ao chapéu de homem que usava na adolescência, tenta lembrar-se de como o adquiriu, mas não consegue, explica que esqueceu ("Como ele chegara até mim, eu esqueci."). E faz suposições a respeito da compra do objeto, tenta lembrar-se. Ora, tentar lembrar-se de determinados acontecimentos é afirmar a veracidade deles, dá-los como vividos, não como inventados. A memória faz parte, pois, do *efeito autobiográfico*. Orientar a narrativa por meio de lembranças é criar a impressão de estar narrando o que se viveu, não o que se imaginou. Observem-se alguns outros exemplos de expressões ligadas à memória. A descrição da *garçonnière* do amante chinês nasce da memória, por meio da qual a narradora visualiza o quarto e ouve os barulhos que vinham da rua:

> O barulho da cidade é muito forte, na lembrança é o som de um filme com volume alto demais, ensurdecedor. Lembro-me bem, o quarto está escuro, nada falamos, o quarto está envolto na balbúrdia contínua da cidade, mergulhado na cidade, na marcha da cidade. Não há vidraças nas janelas, há cortinas e persianas. Pelas cortinas vêem-se as sombras das pessoas passando sob o sol das calçadas.[18] (*A*, p.52)

A memória determina a ordem temporal da narrativa. Os acontecimentos são narrados à medida que as recordações vêm à mente. Os tempos verbais empregados são, principalmente, o *passé composé* e o presente, com marcada predominância deste último. Para o estudo da questão do tempo tome-se como auxílio o que diz José Luiz Fiorin baseando-se em Benveniste, a respeito do tempo lingüístico:

> O discurso instaura um *agora*, momento da enunciação. Em contraposição ao *agora*, cria-se um então. Esse *agora* é, pois, o fundamento das oposições temporais na língua ... Se o *agora* é gerado pelo

18 *Le bruit de la ville est très fort, dans le souvenir il est le son d'un film mis trop haut, qui assourdit. Je me souviens bien, la chambre est sombre, on ne parle pas, elle est entourée du vacarme continu de la ville, embarquée dans la ville, dans le train de la ville. Il n'y a pas de vitres aux fenêtres, il y a des stores et des persiennes. Sur les stores on voit les ombres des gens qui passent dans le soleil des trotoirs.*

> ato de linguagem, desloca-se ao longo do fio do discurso permanecendo sempre agora. Torna-se, portanto, um eixo que ordena a categoria topológica da *concomitância vs. não-concomitância*. Esta, por sua vez, articula-se em *anterioridade vs. posterioridade*. (1996, p.142)

Todos os tempos estão, pois, relacionados à enunciação. A anterioridade e a posterioridade do acontecimento em relação ao discurso são duas *não-coincidências*, ou seja, dois momentos nos quais não há concomitância entre narração e narrado. Como explica Fiorin (1996, p.146-7), existem dois sistemas temporais na língua: um *enunciativo*, que se relaciona diretamente ao momento da enunciação; e outro, *enuncivo*, que se organiza em função de momentos de referência no enunciado. Aplicando-se ao momento da enunciação a categoria *concomitância vs. não-concomitância*, chega-se a três momentos de referência em relação ao momento da enunciação: concomitante, anterior e posterior. Quando o momento de referência é concomitante ao momento da enunciação, utiliza-se o sistema enunciativo. Se o momento de referência for anterior ou posterior ao momento da enunciação, deverá ser explicitado, e os momentos de referência pretérito e futuro ordenarão dois subsistemas temporais enunciativos.

No início de *L'amant* percebe-se a instalação de um momento de referência pretérito: "Um dia, eu era já idosa" (*A*, p.9).[19] O momento do acontecimento narrado em seguida ordena-se em relação a esse momento de referência pretérito: "Um dia, eu era já idosa, no saguão de um lugar público, um homem veio até mim" (*A*, p.9).[20] Observa-se, pois, que o momento do acontecimento também é pretérito, concomitante, portanto, ao momento da referência: MR = "Um dia, eu era já idosa"; MA = "um homem veio até mim". Em seguida, passa-se a empregar o presente do indicativo, mostrando a concomitância entre o momento do acontecimento, o momento da enunciação e o momento de referência presente: "Penso freqüentemente nessa imagem que só eu vejo" (*A*, p.9).[21]

---

19 *Un jour, j'étais âgée déjà.*

20 *Un jour, j'étais âgée déjà, dans le hall d'un lieu public, un homme est venu vers moi.*

21 *Je pense souvent à cette image que je suis seule à voir.*

Fiorin esclarece que o presente, tempo enunciativo, assinala uma coincidência entre momento do acontecimento e momento de referência presente, podendo haver mesmo uma tripla coincidência.

Em *L'amant*, em várias passagens é possível constatar essa coincidência, sobretudo nos trechos que se referem ao próprio instante da escritura, à própria atividade narrativa: "Falo sempre de meus irmãos como de um conjunto" (*A*, p.71).[22] Muitas das passagens já citadas aqui revelam essa coincidência, inclusive as muitas ocorrências da frase *je me souviens*, nas quais fica claro que o ato de lembrar-se é concomitante ao ato de enunciar isso, de dizer que se lembra.

Que não se confunda, no entanto, o tempo verbal presente usado nos trechos a que se aludiu acima com o tempo verbal presente que é utilizado no lugar do pretérito e que produz um efeito de *presentificação do passado*. Quando são narrados episódios passados, sobretudo relativos ao principal período relatado no livro – a época em que a narradora tinha quinze anos e meio –, emprega-se o presente do indicativo, como se os acontecimentos estivessem se passando no instante da enunciação, no presente da narração:

> Quinze anos e meio. É a travessia do rio. Quando volto a Saigon, estou em viagem, especialmente quando tomo o ônibus.[23] (*A*, p.16)

> Desço do ônibus. Vou ao parapeito. Olho o rio.[24] (*A*, p.17)

> Quinze anos e meio. Já uso maquiagem. Uso creme Tokalon, tento esconder as sardas que tenho na parte superior das maçãs do rosto, abaixo dos olhos.[25] (*A*, p.24)

O envolvimento com o amante chinês e todos os fatos situados na época em que a narradora tinha quinze anos e meio são narrativas do passado, estão em um tempo diferente do da enunciação, anterior à narração. Ora, o tempo verbal mais comum para se

22 *Je parle souvent de mes frères comme d'un ensemble.*

23 *Quinze ans et demi. C'est la traversée du fleuve. Quand je rentre à Saigon, je suis en voyage, surtout quand je prends le car.*

24 *Je descends du car. Je vais au bastingage. Je regarde le fleuve.*

25 *Quinze ans et demi. Déjà je suis fardée. Je mets de la crème Tokalon, j'essaye de cacher les taches de rousseur que j'ai sur le haut des joues, sous les yeux.*

narrar o passado em francês seria o *passé simple*; em *L'amant*, entretanto, emprega-se o presente. Em qualquer texto, quando um tempo é intencionalmente empregado no lugar de outro, visa-se com isso produzir determinados efeitos de sentido. Tal procedimento é da ordem do que a teoria semiótica chama de *embreagem*.

Já foi utilizado neste livro o termo *desembreagem*, definido como a operação pela qual "a enunciação projeta, para fora de si, os actantes e as coordenadas espacio-temporais do discurso" (Barros, 1990, p.54). Pois bem, a embreagem é a operação contrária à desembreagem, produz um efeito de retorno à enunciação por meio das categorias de pessoa e/ou espaço e/ou tempo, assim como pela denegação da instância do enunciado (Fiorin, 1996, p.48). Assim como em relação à desembreagem, também é possível falar em embreagem actancial, embreagem espacial e embreagem temporal.

Em *L'amant*, como já se sabe, a narradora constrói sua narrativa baseando-se nas suas lembranças pessoais; *narrar é, assim, recordar*. Mas certos episódios, ou melhor, a maioria deles, são narrados no presente, como se estivessem acontecendo novamente, como se fossem cenas desenrolando-se no próprio instante em que são narradas. Esses episódios são, dessa forma, tornados presentes, o passado é presentificado. José Luiz Fiorin (1996) esclarece que a presentificação do passado é justamente um dos efeitos de sentido obtidos quando se neutralizam termos na categoria tempo, ou seja, quando ocorre embreagem temporal:

> Ora, quando se neutralizam termos da categoria do tempo, o efeito de sentido que se produz é o de que o tempo é pura construção do enunciador, que presentifica o passado, torna o futuro presente etc. Assim, com esse procedimento, passa-se da ilusão enunciativa da naturalidade dos tempos do dizer e do dito, da quimera de que o tempo lingüístico é o tempo do mundo para a certeza de que o tempo é efeito de sentido produzido na e pela enunciação. (p.191)

O tempo lingüístico não pode jamais ser confundido com o tempo real, o *tempo do mundo*. Aquele é mais um dos efeitos de sentido da enunciação. Melhor dizendo, o tempo é manipulado pelo enunciador, construído por ele de modo a produzir diferentes efeitos de sentido. No caso de *L'amant*, quando os acontecimentos passados são narrados no presente, é como se eles fossem realmente trazidos para o presente. O passado não é simplesmente relatado, mas *presentificado*, *revivido*. A narradora não apenas se lembra de sua adolescência por meio da narrativa, mas a *revive*. Olhando por esse ângulo, narrar é mais que recordar: *narrar é reviver*. Nas passagens abaixo – a primeira focalizando a personagem/narradora e sua mãe, e a segunda narrando um encontro entre a personagem/narradora, sua família e o amante chinês – pode-se observar o emprego do presente do indicativo produzindo a ilusão de que os acontecimentos se passam no momento em que são narrados, de que a narradora os está vivendo novamente:

> Quando minha mãe recupera o fôlego, quando sai do desespero, descobre o chapéu de homem e os sapatos dourados. Pergunta-me o que é aquilo. Digo que não é nada. Ela me olha, a visão lhe agrada, ela sorri. Razoável, diz ela, não te cai mal, muda. Não pergunta se foi ela que os comprou, ela sabe que foi ... Digo-lhe: não foi nada caro, não se preocupe. Pergunta onde foi. Digo que foi na rua Catinat, numa liquidação. Olha-me com simpatia.[26] (*A*, p.32-3)

> Todos pedimos Martel Perrier. Meus irmãos bebem o deles imediatamente e pedem um segundo. Minha mãe e eu lhes damos os nossos ... Há muito pouca gente durante a semana no Source. Com ele, meu irmãozinho, eu danço. Com meu amante também eu danço...
>
> O chinês de Cholen fala comigo, está à beira das lágrimas, diz: o que foi que eu lhes fiz. Digo-lhe que ele não deve se preocupar, que é sempre assim, entre nós também, em todas as circunstâncias da vida.[27] (*A*, p, 67-8)

---

26 *Quand ma mère retrouve l'air, qu'elle sort du désespoir, elle découvre le chapeau d'homme et les lamés or. Elle me demande ce que c'est. Je dis que c'est rien. Elle me regarde, ça lui plaît, elle sourit. C'est pas mal elle dit, ça ne te vas pas mal, ça change. Elle ne demande pas si c'est elle qui les a achetés, elle sait que c'est elle ... Je lui dis: c'est pas cher du tout, ne t'en fais pas. Elle demande où c'était. Je dis que c'était rue Catinat, des soldes soldés. Elle me regarde avec sympathie.*

27 *On commande tous des Martel Perrier. Mes frères boivent le leur tout de suite et ils en commandent un deuxième. Ma mère et moi on leur donne le nôtre ... Il y a très peu de monde en semaine à la Source. Avec lui, mon petit frère, je danse. Avec mon amant aussi je danse...*
Le Chinois de Cholen me parle, il est au bord des larmes, il dit: qu'est-ce que je leur ai fait. Je lui dis qu'il ne faut pas qu'il s'inquiète, que c'est toujours ainsi, entre nous aussi, dans toutes les circonstances de la vie.

A embreagem temporal se faz notar especialmente nas passagens relativas aos encontros com o amante, como este trecho que se refere à entrada da personagem/narradora no carro preto do chinês:

> Ela entra no carro preto. A porta se fecha. Uma aflição quase não experimentada se produz de repente, uma fadiga, a luz sobre o rio tornando-se fraca. Uma surdez ligeira também, uma névoa, por toda parte.[28] (*A*, p.44)

No parágrafo seguinte, a narradora comenta o fato e faz certas antecipações temporais utilizando-se do tempo verbal futuro simples (*futur simple*):

> Nunca mais farei a viagem em ônibus para nativos. De agora em diante, terei uma limusine para ir ao liceu e me levar de volta ao pensionato. Jantarei nos lugares mais elegantes da cidade. E estarei sempre aqui a lamentar tudo o que faço, tudo o que deixo, tudo o que aceito, tanto o bom quanto o mau, o ônibus, o motorista do ônibus com quem eu ria, as velhas marcadoras de bétele dos brancos traseiros, as crianças no porta malas, a família de Sadec, o horror da família de Sadec, seu silêncio genial.[29] (*A*, p.44-5)

O futuro aí utilizado também é resultado de embreagem temporal; é futuro em relação ao presente utilizado para narrar a entrada na limusine. Se a entrada no carro tivesse sido narrada com verbos no passado, no trecho acima citado dever-se-ia utilizar condicional presente (mais ou menos equivalente ao futuro do pretérito

---

28 *Elle entre dans l'auto noire. La portière se referme. Une détresse à peine ressentie se produit tout à coup, une fatigue, la lumière sur le fleuve qui se ternit, mais à peine. Une surdité très légère aussi, un brouillard, partout.* Nesse trecho percebe-se o pronome *elle* designando a personagem/narradora. Trata-se também de uma embreagem, mas na categoria da pessoa, um procedimento que será estudado na próxima seção deste capítulo.

29 *Je ne ferai plus jamais le voyage en car pour indigènes. Dorénavant, j'aurai une limousine pour aller au lycée et me ramener à la pension. Je dînerai dans les endroits les plus élégants de la ville. Et je serai toujours là à regretter tout ce que je fais, tout ce que je laisse, tout ce que je prends, le bon comme le mauvais, le car, le chauffeur du car avec qui je riais, les vieilles chiqueuses de bétel des places arrière, les enfants sur les porte-bagages, la famille de Sadec, l'horreur de la famille de Sadec, son silence génial.*

no português). Mas como o passado é presentificado, o parágrafo citado torna-se futuro desse passado transformado em presente.

Se, pois, entende-se *L'amant* como narrativa de busca das origens, narrar fatos passados utilizando-se do presente do indicativo será atingir plenamente esse objetivo. O passado, além de resgatado, é presentificado, revivido.

Resta ainda ressaltar a não-linearidade da narração. São relatados vários acontecimentos, que se deram em tempos diferentes, mas a ordem em que são apresentados no texto não é, de forma alguma, a cronológica. Observa-se o que diz Gérard Genette a respeito da ordem temporal de uma narrativa:

> Estudar a ordem temporal de uma narrativa é confrontar a ordem de disposição dos acontecimentos ou segmentos temporais no discurso narrativo com a ordem de sucessão desses mesmos acontecimentos ou segmentos temporais na história. (Genette, s. d., p.33)

Não se tem aqui o objetivo de realizar uma análise das anacronias em *L'amant*; o que se pretende é sublinhar a diferença entre a ordem de sucessão dos acontecimentos na história e a sua ordem de disposição na narrativa. Os fatos narrados não estão dispostos segundo uma linearidade, mas obedecem a um ritmo mnemônico. São relatados de acordo com as recordações da narradora, que vêm à mente livres da cronologia linear. A narrativa salta de um passado recente para um passado longínquo, volta novamente para um tempo próximo do da narração, de novo vai para um passado distante, vem, vai... Segue justamente o ritmo da memória.

Na página 79, ao falar de Marie-Claude Carpenter, a narradora usa a expressão "creio lembrar-me".[30] É um procedimento que reforça ainda mais o efeito autobiográfico, gerando a impressão de história vivida. "Creio lembrar-me" coloca o fato narrado como fruto daquele tipo de recordação incerta que se costuma ter de um fato distante no tempo: "Marie-Claude Carpenter. Ela era americana, ela era, creio lembrar-me, de Boston (*A*, p.79)."[31]

---

30 *Je crois me souvenir.*

31 *Marie-Claude Carpenter. Elle était américaine, elle était, je crois me souvenir, de Boston.*

Dizer "eu me lembro" é dizer que se está construindo uma narrativa de fatos vivenciados; utilizar-se do ritmo da memória para organizar essa narrativa é também, de certa forma, garantir verossimilhança aos acontecimentos narrados. Mas é, ao mesmo tempo, revelar o processo de escritura, como se pode notar no trecho a seguir: "Eu me lembro, no próprio instante em que escrevo, de que nosso irmão mais velho não estava em Vinhlong quando lavávamos a casa" (*A*, p.77).[32] Essa frase provoca certa ilusão de realidade, deixando transparecer o caráter de confissão, de autobiografia, como se fosse dito: "No momento em que escrevo, lembro-me de certos fatos; logo, estou relatando o que vivi, o que escrevo é verdadeiro". Ao mesmo tempo, a frase revela a metalinguagem narrativa ("no próprio instante em que escrevo"), desnuda o processo de produção do texto.

Diana Luz Pessoa de Barros assinala que os vários tipos de desembreagem e as subdelegações de voz definem efeitos de sentido diversos, tais como os efeitos de referente (ou de realidade) e os efeitos de *L'amant*, a desembreagem enunciativa (dizer "eu me lembro", "escrevo"), relacionada à memória, produz os dois tipos de efeitos de sentido: de referente e de enunciação. No já citado exemplo da página 77, além do efeito de realidade criado por "eu me lembro, no próprio instante em que escrevo", cria-se também o efeito de enunciação, na medida em que dizer "no próprio instante em que escrevo" é referir-se explicitamente ao processo de enunciação, é dizer que se está escrevendo, construindo uma narrativa. Aliás, tal frase constitui marca de enunciação enunciada. Tanto o efeito de referente quanto o efeito de enunciação são parte do efeito autobiográfico, uma vez que evidenciam que está sendo construída uma narrativa e que esta é baseada em recordações de acontecimentos vividos.

É preciso esclarecer, contudo, que a memória em Marguerite Duras não é apenas elemento do efeito autobiográfico, mas relaciona-se também à imaginação. Até que ponto a imaginação é conduzida pela memória? Até que ponto a memória é recriada pela ima-

32 *Je me souviens, à l'instant même où j'ecris, que notre frère aîné n'était pas à Vinhlong quand on lavait la maison à grande eau.*

ginação? Aliette Armel (1996) afirma, a respeito de Duras, que a memória que dá acesso aos acontecimentos do passado é uma memória particular, que integra o poder do esquecimento e do imaginário.

O efeito autobiográfico convive e relaciona-se com efeitos de ficção. Mireille Calle-Gruber (1986) atenta para a ambigüidade de *L'amant*, que "após uma entrada em matéria claramente autobiográfica em que domina o efeito de realismo, produz-se uma operação que dá lugar ao ficcional" (p.108).

Na abertura do texto, como já ficou claro, percebe-se um forte tom de narrativa confessional, de história de uma vida; o efeito de realismo, como assinala Calle-Gruber, é dominante. Algumas páginas depois, surge um trecho que parece romper a expectativa de autobiografia:

> A história de minha vida não existe. Isso não existe. Não há jamais um centro. Nenhum caminho, nenhuma linha. Há vastos lugares nos quais se fez crer que havia alguém, não é verdade, não havia ninguém.[33] (*A*, p.14)

A história da vida não existe? A *escritura* da vida existe. O tempo vivido é retomado pelo imaginário. Como afirma a própria Marguerite Duras em entrevista concedida na época do lançamento de *L'amant*, a *história* da vida não existe, o *romance* da vida, sim:

> A história de sua vida, de minha vida, elas não existem, ou então se trata de lexicologia. O romance de minha vida, de nossas vidas, sim, mas não a história. É na retomada dos tempos pelo imaginário que o sopro é devolvido à vida. (apud Armel, 1996, p.131)

Há, pois, elementos de memória e elementos de imaginação. Aquela é trabalhada por esta. Bem antes do surgimento de *L'amant*, Jean-Louis Barrault já se referia ao jogo entre memória e imaginação próprio da criação durassiana:

---

33 *L'histoire de ma vie n'existe pas. Ça n'existe pas. Il n'y a jamais de centre. Pas de chemin, pas de ligne. Il y a des vastes endroits où l'on fait croire qu'il y avait quelqu'un, ce n'est pas vrai il n'y avait persone.*

> Quando trabalho Marguerite Duras ... fico sempre excitado pelo jogo e pelos intercâmbios que se devem ter passado entre a memória e a imaginação. A memória colocando-se a serviço da imaginação e a imaginação manipulando a memória com uma espécie de exatidão surpreendente. (apud Armel, 1996, p.137)

Em *L'amant*, essa narrativa que parte à procura das origens, o passado é resgatado pela memória, e essa memória do passado é recriada, reinventada pela imaginação. Desse modo, mais do que *recordar*, mais do que *reviver*, *narrar é reinventar*.

O JOGO DE PRONOMES: JE/ELLE

Todos os procedimentos da narrativa de *L'amant* analisados até o momento neste estudo passam pela voz que toma a palavra e conduz o fio do relato: a narradora que recorda, revive e reinventa fatos de seu passado. É ela quem orienta a narrativa, comenta-a, dirige-se sem disfarces ao narratário, fala do próprio processo de escritura. Para ela convergem, ou dela se originam, todos os recursos responsáveis pela criação do efeito autobiográfico. Tomando-se as funções do narrador arroladas por Gérard Genette (1972), percebe-se que a narradora de *L'amant* desempenha praticamente todas elas, o que deixa entender que ela assume plenamente o papel de narrar, mostra-se, revela-se, não esconde sua própria voz, sua linha a costurar a narrativa.

A primeira das funções a que se refere Genette é a *função* propriamente *narrativa*, que consiste em relatar a história, da qual nenhum narrador pode fugir sem perder sua condição de narrador. Ora, a narradora de *L'amant* também não pode escapar dessa primeira função. Ainda que ela não se utilizasse da primeira pessoa, ainda que não explicitasse, como faz, seu papel de narradora, mesmo assim, ao tomar a palavra ela já estaria assumindo a função primeira de todo narrador: relatar a história.

A segunda função diz respeito a um possível discurso metalingüístico por meio do qual o narrador refere-se ao próprio texto narrativo, marcando a organização interna deste último. Em *L'amant*, poder-se-ia pensar, em relação a essa função, em todas as referências da narradora ao processo de construção do texto, passagens metanarrativas que revelam o aspecto auto-referencial da obra.

A *função de comunicação* é a terceira do levantamento de Genette e baseia-se numa orientação para o narratário, no estabelecimento de uma espécie de diálogo com este último. Claro está, como se pôde observar aqui, que a narradora de *L'amant* dirige-se várias vezes, e de forma direta, ao seu narratário. Este, aliás, como foi possível concluir, tem pesada importância na construção do sentido.

A quarta função, *de atestação*, reside na orientação do narrador para si mesmo. Trata-se, portanto, da relação moral, afetiva ou intelectual do narrador com a história que ele conta, podendo tomar a forma de testemunho quando o narrador indica a fonte das informações ou quando mostra o grau de precisão de suas próprias lembranças. Ora, a função de atestação é plenamente exercida em *L'amant* por essa narradora que se volta para o seu passado, que fala de si, que se desnuda, que reflete sobre o próprio rosto como forma de refletir sobre si e sobre sua evolução. A fonte de onde são tiradas as informações é sempre revelada: a memória. E a relação da narradora com a história que conta ultrapassa os laços afetivos, morais ou intelectuais: ela relata o que viveu, e viver os acontecimentos, em *L'amant*, confunde-se com o próprio ato de narrá-los, ou talvez fosse melhor dizer: narrar os acontecimentos confunde-se com vivê-los.

A última das cinco funções do narrador é a que Genette classifica como *ideológica* e que diz respeito aos comentários do narrador que, inicialmente voltados apenas para a ação narrada, podem adquirir um caráter mais geral e, de certa forma, mais didático.

Em *L'amant* não se encontram comentários de caráter propriamente didático no sentido em que fala Genette. Observam-se, no entanto, intervenções da narradora/personagem que deixam entrever sua visão de mundo a respeito de certos acontecimentos narrados:

> Toda comunidade, seja familiar ou não, nos é odiável, degradante. Estamos juntos em uma vergonha de princípio de ter que viver a vida. É aí que estamos no mais profundo de nossa história em comum, a de sermos, os três, filhos dessa pessoa de boa fé, nossa mãe,

> que a sociedade assassinou. Estamos à margem dessa sociedade que reduziu minha mãe ao desespero. Por causa do que fizeram à nossa mãe, tão amável, tão confiante, nós odiamos a vida, nós nos odiamos.[34] (*A*, p.69)

> Seria preciso avisar as pessoas daquelas coisas. Ensinar-lhes que a imortalidade é mortal ... Que ela não indica nada enquanto tal, jamais, que é a duplicidade absoluta. Que ela não existe no detalhe, mas somente no princípio. Que determinadas pessoas podem contê-la em si, desde que ignorem fazê-lo ... Que é enquanto é vivida que a vida é imortal, enquanto ela está viva ... Que é tão falso dizer que ela não tem começo nem fim quanto dizer que ela começa e termina com a vida do espírito, já que é do espírito que ela participa e da busca do vento. Olhe as areias mortas do deserto, o corpo morto das crianças: a imortalidade não passa por aí, ela pára e contorna.[35] (*A*, p.128-9)

Referir-se ao próprio texto por meio de discurso metanarrativo, tecer comentários, mostrar sua visão, revelar a memória como fonte das informações, expressar sua ligação emocional com os fatos narrados... Todas essas atitudes, todas essas funções são desempenhadas pela narradora de *L'amant*, que abraça em plenitude seu papel de narrar, mostra-se enquanto narradora, assume-se enquanto fonte da palavra que constrói o texto. Mas será que essa voz permanece explícita ao longo de toda a narrativa?

---

34 *Toute communauté, qu'elle soit familiale ou autre, nous est haïssable, dégradante. Nous sommes ensemble dans une honte de principe d'avoir à vivre la vie. C'est là que nous sommes au plus profond de notre histoire commune, celle d'être tous les trois des enfant de cette personne de bonne foi, notre mère, que la société a assassinée. Nous sommes du côté de cette société qui a réduit ma mère au désespoir. À cause de ce qu'on a fait à notre mère si aimable, si confiante, nous haïssons la vie, nous nous haïssons.*

35 *Il faudrait prévenir les gens de ces choses-là. Leur apprendre que l'immortalité est mortelle ... Qu'elle ne signale pas en tant que telle, jamais, qu'elle est la duplicité absolue. Qu'elle n'existe pas dans le détail mais seulement dans le principe. Que certaines personnes peuvent en receler la présence, à condition qu'elles ignorent le faire ... Que c'est tandis qu'elle se vit que la vie est immortelle, tandis qu'elle est en vie ... Que c'est aussi faux de dire qu'elle est sans commencement ni fin que de dire qu'elle commence et qu'elle finit avec la vie de l'esprit du moment que c'est de l'esprit qu'elle participe et de la poursuite du vent. Regardez les sables morts des déserts, le corps mort des enfants: l'immortalité ne passe pas par là, elle s'arrête et contourne.*

Ou ela se disfarça em algum momento, coloca máscaras? Cabe aqui refletir um pouco acerca da desconcertante irrupção do pronome de terceira pessoa (*elle*) na narrativa até então dominada pelo *eu* (*je*).

À página 29, para referir-se à protagonista, à mesma personagem à qual ela se vinha identificando e que designava por meio do pronome *je*, a narradora utiliza-se da terceira pessoa, como se quisesse distanciar-se do que assumira:

> A menina de chapéu de feltro está na luz lamacenta do rio, sozinha sobre a ponte da balsa, apoiada ao parapeito ... A pequena conhece o barqueiro desde que ela era criança. O barqueiro lhe sorri e pede notícias da senhora diretora ... A mãe vai bem, diz a pequena.[36] (*A*, p.29-30)

No parágrafo seguinte, retoma o *eu*. Algumas páginas adiante, novamente o emprego da terceira pessoa. Em seguida, a narradora volta a dizer *eu*. Inúmeras vezes, em meio ao relato subjetivo, confessional, esse *eu* esconde-se por trás do pronome de terceira pessoa. E, assim, importantes episódios do passado, relativos à adolescência da narradora/personagem são narrados de um modo que soa, à primeira vista, impessoal. A narradora conjuga os verbos na terceira pessoa e designa-se como *la petite*, *elle*, *l'enfant*, *la jeune fille*... (a menina, ela, a criança, a jovem...). O encontro com o chinês é relatado dessa maneira, com os verbos no presente do indicativo – revivido, presentificado portanto – e com o pronome de terceira pessoa – impessoalizado, distanciado:

> O homem elegante desceu da limusine, ele está fumando um cigarro inglês. Olha para a moça de chapéu de homem e sapatos dourados. Ele vem até ela lentamente. É visível, ele está intimidado ... Primeiro oferece-lhe um cigarro ... Ela lhe diz que não fuma, não

---

36 *La petite au chapeau de feutre est dans la lumière limoneuse du fleuve, seule sur le pont du bac, accoudée au bastingage ... La petite connaît le passeur depuis qu'elle est enfant. Le passeur lui sourit et lui demande des nouvelles de Madame la Directrice ... La mère va bien, dit la petite.*

> obrigada ... Então ele pergunta: mas de onde você é? Ela diz que é a filha da professora da escola de meninas de Sadec.[37] (*A*, p.42-3)

E na narração desse primeiro encontro com o chinês que se tornaria amante, o pronome *elle* (ela) faz supor uma mudança de voz narrativa. Note-se, contudo, que a narradora continua presente, situada ao lado da personagem, ou melhor, nela própria, enxergando as coisas do ponto de vista da moça de chapéu de homem e sapatos dourados. Na frase "Ele vem até ela lentamente" (*il vient vers elle lentement*), o verbo *venir* (vir) coloca narradora e personagem juntas na mesma perspectiva. Percebe-se, pois, escondida por trás do *elle* (ela), a mesma narradora que diz *je* (eu), o mesmo *eu* que relata suas experiências passadas. Logo, a alteração de pronomes não constitui uma mudança propriamente dita de voz narrativa. O que ocorre é que um *eu* enuncia-se sob a forma de um *ela*, caracterizando o fenômeno da *embreagem*.

A definição de embreagem já foi apresentada neste capítulo quando se abordou a questão da memória e de suas relações com o tempo; destacou-se, então, a embreagem temporal. O caso agora é de *embreagem actancial*, que corresponde às neutralizações na categoria da pessoa. José Luiz Fiorin distingue vinte possibilidades de embreagem actancial, das quais a primeira – uso da terceira pessoa pela primeira do singular – coincide justamente com o caso de *L'amant*. Fiorin lembra que "as formas de terceira pessoa empregadas com valor de eu são ele/ela ou, com maior freqüência, um substantivo" (1996, p.85). Uma embreagem pode ser enunciva ou enunciativa. No primeiro caso, o termo embreante é enuncivo; no segundo, é enunciativo. Em *L'amant*, ocorre embreagem enunciva, uma vez que o termo desembreante (*je*) é enunciativo, e o termo embreante (*elle*) é enuncivo. Esse tipo específico de embreagem enunciva (a terceira pessoa pela primeira) nega, por assim di-

37 *L'homme élégant est descendu de la limousine, il fume une cigarrete anglaise. Il regarde la jeune fille au feutre d'homme et aux chaussures d'or. Il vient vers elle lentement. C'est visible, il est intimidé ... Tout d'abord il lui offre une cigarette ... Elle lui dit qu'elle ne fume pas, non merci ... Alors il le lui demande: mais d'où venez-vous? Elle dit qu'elle est la fille de l'institutrice de l'école de filles de Sadec.*

zer, a subjetividade. Fiorin esclarece que empregar "a terceira pessoa no lugar de qualquer outra é objetivar o enunciado, é esvaziar a pessoa e ressaltar a persona" (ibidem, p.100).

No caso de *L'amant*, a embreagem actancial pode denotar diferentes significados. É possível pensar, como faz Jacqueline Risset em artigo sobre Duras para o jornal *Le Monde*, em uma impessoalização da experiência:

> E a terceira pessoa, empregada em alternância imprevisível com a primeira, revela-se portadora de uma função precisa: ela indica o centro impessoal da experiência, ligado à impessoalidade do desejo. (1996)

O emprego do presente do indicativo, ao mesmo tempo que presentifica o passado, lança as cenas fora do tempo, atemporaliza. E a terceira pessoa mostra que a experiência da narradora pode ser impessoalizada, universalizada. Vistos por esse prisma, o presente do indicativo e a terceira pessoa dariam aos acontecimentos narrados um estatuto atemporal, universal. Esta é, no entanto, *uma* das interpretações para o jogo de pronomes de *L'amant*. Na verdade, essa alternância entre a primeira e a terceira pessoa não é desprovida de complexidade e aponta para o próprio sentido da narrativa, revelando a ambigüidade constitutiva do texto durassiano.

O pronome *elle* (ela) que irrompe na narrativa subjetiva abala o efeito autobiográfico. Até o aparecimento desse designativo de terceira pessoa, o tom do discurso mantinha-se altamente confessional, e tudo era centrado na narradora, fonte da palavra que fluía por meio de lembranças. E justamente no momento em que essas lembranças se tornam mais vivas, no instante em que elas permitem que, pela narrativa, o passado seja novamente vivido, desaparece o *eu*. Não é o *je* (eu) que surge protagonizando as cenas presentificadas, mas o *elle* (ela). O *eu* até então explícito, fortemente marcado, esconde-se, disfarça-se, desmembra-se na dualidade *eu/ela* (*je/elle*).

A ficção surgindo na "autobiografia" desconcerta, perturba, desorienta e, sobretudo, faz refletir. Faz pensar sobre o autobiográfico e sobre o ficcional, esses dois efeitos de sentido que são, em *L'amant*, ao mesmo tempo opostos e complementares. Dizer *eu* é produzir efeito autobiográfico. Dizer *ela* é brincar com esse efeito, é borrifá-lo com ficção. Quem é, na verdade, esse sujeito dos acontecimentos narrados? Um *eu* autobiográfico que assume a máscara do ficcional? Um *ela* ficcionalizado que dissimula o *eu* confessional? O sujeito surge único e múltiplo ao mesmo tempo. Múltiplo porque se quebra, divide-se, disjunge de si próprio para tornar-se *outro*, para tornar-se *ela*. Único porque reúne em si todas as suas outras instâncias; *eu* e *outro*, *eu* e *ela* estão contidos num mesmo *eu*. A duplicidade do sujeito se manifesta também no par cisão/unicidade.

Mireille Calle-Gruber (1986) evidencia o papel da personagem do amante em relação à mutação do *eu*. O amante seria meio, *passagem*, espelho da transformação do *eu* em *outro*: "Ele é espelho da mutação do eu e, de maneira mais complexa, do Eu que se vê transformar-se no Outro no olhar do amante" (p.116). A função narrativa do amante, para Calle-Gruber, não recobre mais a função referencial fundada na relação dual: o par *eu/ele*. Instala-se uma relação a três termos – *eu/ele/ela* – na qual o terceiro termo representa a alteridade.

O *je* (eu) transmuta-se em *elle* (ela). Mas a voz que narra continua sendo a do *eu*, narradora e personagem dissociam-se. Ou melhor, a personagem cinde-se em um *eu* que se identifica com a narradora e um *ela* que, aparentemente, não se identifica. E o ela aparece nos momentos máximos de presentificação do passado, instantes em que a narradora de "rosto devastado" encontra a garota de quinze anos e meio.

É importante levar em conta a separação que há entre o *eu narrante* e o *eu narrado* (Spitzer, apud Fiorin, 1996). Em *L'amant*, o *eu* narrante é a narradora que se volta para o passado longínquo; o *eu* narrado é a adolescente de quinze anos e meio vivendo os fatos narrados. Há uma distância entre a mulher de rosto destruído que rememora sua vida e *la petite fille* (a menininha), *l'enfant* (a criança), actante do enunciado; essa distância se faz notar mesmo antes que a narradora empregue o pronome de terceira pessoa. A narrativa constitui uma forma de voltar ao passado, presentificá-lo, resgatando a menina de quinze anos e meio que passaria pelo brutal envelhecimento de que já se falou aqui. A narradora vai em busca das origens, da menina cujo rosto não carregava marcas e para quem ainda não era "tarde demais". O pronome *elle* (ela) e os designativos de terceira pessoa revelam, portanto, que a empreitada da narradora atingiu seu objetivo: o passado foi resgatado, é a própria protagonista desse passado quem surge para viver os fatos.

A cena que descreve a iniciação sexual da personagem é toda narrada com verbos no presente e pronome de terceira pessoa. É talvez o momento maior de resgate do passado, de volta às origens. O episódio é presentificado, como se, por meio da narrativa, recriado por ela, estivesse se realizando novamente. E a adolescente que o viveu ressurge, também por meio da narrativa, também recriada por ela:

> Ele arrancou o vestido, joga-o, arrancou a calcinha de algodão branco e a leva assim nua para a cama ... E, lenta, paciente, ela o traz de novo até ela e começa a despi-lo. Os olhos fechados, ela faz. Lentamente. Ele quer fazer gestos para ajudá-la. Ela lhe pede para não se mexer ... Diz que quer fazê-lo ela mesma. E faz. Despe-o. Quando ela lhe pede, ele desloca seu corpo na cama, mas ligeiramente, como para não acordá-la ...
>
> Ela não olha para ele. Toca-o. Toca a maciez do sexo, da pele, acaricia a cor dourada, a desconhecida novidade. Ele geme, chora. Está tomado por um amor abominável.
>
> E chorando ele o faz. Primeiro vem a dor. E depois essa dor modificada, lentamente arrancada, levada para o prazer, abraçada a ele.[38] (*A*, p.49-50)

O presente do indicativo neutraliza a distância entre o instante da narração e o momento dos acontecimentos, anula a distância

38 *Il a arraché la robe, il la jette, il a arraché le petit slip de coton blanc et il la porte ainsi nue jusq'au lit ... Et elle, lente, patiente, elle le ramène vers elle et elle commence à le desabiller. Les yeux fermés, elle le fait. Lentement. Il veut faire des gestes pour l'aider. Elle lui demande de ne pas bouger ... Elle dit qu'elle veut le faire elle. Elle le fait. Elle le déshabille. Quand elle le lui demande il déplace son corps dans le lit, mais à peine, avec légèreté, comme pour ne pas la réveiller ...*
Elle ne le regarde pas. Elle le touche. Elle touche la douceur du sexe, de la peau, elle caresse la couleur dorée, l'inconnue nouveauté. Il gémit, il pleure. Il est dans un amour abominable.
Et pleurant il le fait. D'abord il y a la douleur. Et puis après cette douleur est prise à son tour, elle est changée, lentement arrachée, emportée vers la jouissance, embrassée a elle.

épica. A terceira pessoa assume essa distância, evidencia a separação entre *eu narrante* e *eu narrado*. Esse procedimento entrelaça o autobiográfico e o ficcional, marca a oscilação entre os dois efeitos (de autobiografia e de ficção) a partir da qual se funda a ambigüidade de *L'amant*. E é essa ambigüidade que leva ao sentido maior do texto: a própria escritura. Autobiografia ou ficção? Não importa. O que conta é a maneira de enunciar essas coisas, de elaborar esses efeitos. O efeito autobiográfico existe, e o efeito ficcional também. Mas ambos acabam por remeter à própria escritura, ao modo pelo qual a palavra trabalha essas diferentes possibilidades.

3 A REESCRITURA

Já se fez referência neste estudo, embora de passagem, ao fato de que a narradora de *L'amant* remete, muitas vezes, a outros textos de Marguerite Duras, tomando-os como seus. Alude a certos livros que ela mesma (a narradora/personagem) teria escrito anteriormente sobre sua vida. Ora, nas referências que ela faz a tais livros, percebem-se elementos de obras anteriores de Marguerite Duras. A narradora assume, portanto, textos da autora. Provoca-se uma confusão de instâncias, um deslocamento da narradora por entre os níveis enunciativos. A passagem transcrita a seguir ilustra o que se acaba de afirmar; nela, a narradora alude às histórias de seus livros que se reportam à sua infância:

> Nas histórias de meus livros que se referem à minha infância, de repente não sei mais o que evitei dizer, o que disse, creio ter falado do amor que tínhamos por nossa mãe, mas não sei se falei do ódio que também lhe tínhamos e do amor que tínhamos uns pelos outros, e do ódio também, terrível, naquela história comum de ruína e de morte que era a daquela família em todos os casos, no do amor como no do ódio e que escapa ainda a todo o meu entendimento, que ainda

me é inacessível, escondida no mais profundo de minha carne, cega como um recém-nascido de um dia.[1] (*A*, p.34)

José Luiz Fiorin (1996) considera também como embreagem o que Gérard Genette chamou de *metalepse* (passagem de um actante de um nível enunciativo a outro) e coloca como uma das possibilidades de realização desse procedimento o caso do narrador que se apresenta como enunciador. A propósito, devem-se considerar três níveis enunciativos. O primeiro, da enunciação implícita e pressuposta pela existência do enunciado, tem como actante o *enunciador*, destinador implícito da enunciação, e o *enunciatário*, destinatário implícito. O segundo nível é o do *narrador* e do *narratário*, destinador e destinatário instalados no enunciado, sujeitos diretamente delegados do enunciador e do enunciatário. No terceiro nível estão o *interlocutor* e o *interlocutário*, actantes do enunciado aos quais o narrador dá voz, operando uma desembreagem interna. Fiorin explica que quando uma "pessoa" passa de um desses níveis a outro, realiza-se uma *macroembreagem*. A narradora de *L'amant*, ao mencionar outros textos da mesma autora como sendo seus, transita entre os níveis do narrador e do enunciador, coloca-se como enunciador. Também o narratário, ao ser dado como conhecedor desses outros textos, desliza para outro nível da hierarquia enunciativa, é colocado como enunciatário. E para assumir como seus os textos a que se refere e convencer disso o narratário, a narradora lança mão de certos conteúdos implícitos. Considere-se, pois, a questão dos pressupostos e dos subentendidos.

O. Ducrot (1977) distingue dois grandes grupos de implícitos: os *pressupostos* e os *subentendidos*. Estes podem ser apreendidos pelo enunciatário por meio do conhecimento das leis do discurso e da situação de enunciação, enquanto aqueles estão inscritos na es-

---

1 *Dans les histoires de mes livres qui se rapportent à mon enfance, je ne sais plus tout à coup ce que j'ai évité de dire, ce que j'ai dit, je crois avoir dit l'amour que l'on portait à notre mère mais je ne sais pas si j'ai dit la haine qu'on lui portait aussi et l'amour qu'on se portait les uns aux autres, et la haine aussi, terrible, dans cette histoire commune de ruine et de mort qui était celle de cette famille dans tous les cas, dans celui de l'amour comme dans celui de la haine et qui échappe encore à tout mon entendement, qui m'est encore inaccessible, cachée au plus profond de ma chair, aveugle comme un nouveau-né du premier jour.*

trutura do enunciado. O subentendido é percebido por meio de um procedimento discursivo, ou seja, por meio de uma espécie de raciocínio. Já o pressuposto é apresentado como uma evidência, um conhecimento aceito e partilhado pelo destinador e pelo destinatário:

> Se o posto é o que afirmo, enquanto locutor, se o subentendido é o que deixo meu ouvinte concluir, o pressuposto é o que apresento como pertencendo ao domínio comum das duas personagens do diálogo, como o objeto de uma cumplicidade fundamental que liga entre si os participantes do ato de comunicação ... é possível dizer que o posto se apresenta simultaneamente ao ato da comunicação, como se tivesse surgido pela primeira vez, no universo do discurso, no momento da realização desse ato. O subentendido, ao contrário, ocorre em momento posterior a esse ato, como se tivesse sido acrescentado através da interpretação do ouvinte; quanto ao pressuposto, mesmo que, de fato, tenha sido introduzido anteriormente ao ato de enunciação ... ele procura sempre situar-se em um passado do conhecimento, eventualmente fictício, ao qual o locutor parece referir-se. (Ducrot, 1987, p.20)

Em *L'amant*, os conteúdos implícitos desempenham um papel importante na relação do texto em questão com os outros textos aos quais ele se refere. Quando a *narradora* se apresenta como autora de outros livros, pressupõe que estes sejam conhecidos do *narratário*, e é desse modo que as duas instâncias podem ser dadas como *enunciador* e *enunciatário*, operando um emaranhamento de níveis. O trecho a seguir, embora já tenha figurado em outro ponto deste estudo, não pode deixar de ser citado novamente, pois é um dos que melhor permitem que se tenha uma visão clara da questão: "Na balsa, ao lado do ônibus, há uma grande limusine preta com um motorista de libré de algodão branco. Sim, é o grande carro fúnebre de meus livros. É o Morris Léon-Bollée" (*A*, p.25).[2] O Morris Léon-Bollée já havia aparecido em livros de Marguerite Duras anteriores a *L'amant*, como *Un barrage contre le Pacifique* e *L'Éden cinéma*:

---

2 *Sur le bac, à côté du car, il y a une grande limusine noire avec un chauffeur en livrée de coton blanc. Oui, c'est la grande auto funèbre de mes livres. C'est la Morris Leon-Bollée.*

Seu carro, diz Suzanne, é um Maurice León-Bollée.[3] (*BCP*, p.47)

SUZANNE
De que marca é?
Mr. JO
É um Morris León-Bollée.[4] (*EC*, p.45)

Quando a narradora diz "Sim, é o grande carro fúnebre de meus livros", depreendem-se desse posto dois pressupostos: que a narradora é autora de outros livros, e que nesses livros aparece um carro preto. Se "o ato de pressupor um conteúdo consiste em situá-lo como já conhecido do enunciatário e em apresentá-lo como fundo comum, no interior de que o discurso deve prosseguir" (Barros, 1985, p.169), a limusine preta já é familiar ao narratário de *L'amant*, faz parte de um conhecimento partilhado por ele e pela narradora. E, embora pareça um tanto paradoxal, é nesses pressupostos, nesses conteúdos *implícitos* que se *explicita* a relação de *L'amant* com outros textos durassianos, por meio das referências da narradora aos outros livros.

Tanto as referências explícitas como os episódios e personagens de outros livros de Marguerite Duras que se deixam reconhecer em *L'amant* fazem parte de um procedimento semelhante ao que Jean Ricardou chamou de *intertextualidade restrita* (apud Dällembach, 1979, p.51) e que consiste na relação intertextual entre textos de um mesmo autor. Tal relação, na obra de Duras, identifica-se com o processo de reescritura, pelo qual episódios são reinterpretados e recriados em novos textos que remetem aos anteriores, integrando com eles uma trajetória de busca. E quando o narratário de *L'amant* é levado a perceber esse processo, reconhecendo no texto elementos de outras obras que a narradora assume como suas, todo o efeito autobiográfico produzido em *L'amant* estende-se aos livros anteriores. Observe-se a seguinte passagem:

---

3 *Son auto, dit Suzanne, c'est une Maurice Léon-Bollée.*

4 *SUZANNE*
Quelle marque c'est?
Mr. JO
C'est une Morris Léon-Bollée.

> A história de uma pequena parte da minha juventude eu mais ou menos já escrevi, quero dizer, já disse alguma coisa, estou falando desta aqui justamente, da travessia do rio. O que faço aqui é diferente e parecido. Antes, falei dos períodos claros, dos que estavam iluminados. Aqui eu falo dos períodos escondidos dessa mesma juventude, de certas coisas que eu teria ocultado sobre certos fatos, sobre certos sentimentos, sobre certos acontecimentos.[5] (*A*, p.14)

Ora, se em *L'amant*, por meio dos diversos recursos já discutidos aqui, cria-se um efeito autobiográfico, a narradora, colocando-se como produtora de outros textos e deixando que se reconheçam nas referências a esses textos elementos de outras obras de Duras, faz que estas também sejam entendidas como autobiográficas. Ou seja, a reescritura lança um olhar autobiográfico para a produção durassiana anterior a *L'amant*. Não importa se episódios narrados em *Un barrage contre le Pacifique*, *L'Éden cinéma*, *Le vice-consul* etc. são ou não baseados em fatos da vida da escritora de carne e osso. O que merece destaque é: quando esses episódios são reorganizados na narrativa retrospectiva e confessional de *L'amant* adquirem um caráter autobiográfico que lhes é conferido pelos efeitos de sentido produzidos no discurso. Os aspectos autobiográficos de *Un barrage contre le Pacifique* e de *L'Éden cinéma*, para citar apenas os livros estudados aqui, só podem ser vistos como tais depois de retomados, recriados em *L'amant*, texto que constitui, nesse sentido, um ponto-chave. Aliette Armel (1996, p.15) afirma que, a partir de 1984, não se pode mais ler Marguerite Duras da mesma maneira; a crítica é obrigada a levar em conta o aspecto autobiográfico. *L'amant* não apenas retoma os textos anteriores, como modifica a maneira de enxergá-los; reescreve-os, lançando sobre eles um olhar autobiográfico. Marcelle Marini vê nele uma chave para uma nova leitura das obras durassianas que vieram antes: "Enfim Marguerite Duras narra Marguerite Duras... Podere-

---

5 *L'histoire d'une toute petite partie de ma jeunesse je l'ai plus ou moins écrite déjà, enfin je veux dire, de quoi l'apercevoir, je parle de celle-ci justement, de celle de la traversée du fleuve. Ce que je fais ici est différent, et pareil. Avant, j'ai parlé des périodes claires, de celles qui étaient éclairées. Ici je parle des périodes cachées de cette même jeunesse, de certains enfouissements que j'aurais opérés sur certains faits, sur certains sentiments, sur certains évenements.*

mos ler sem inquietação as obras durassianas de trás para frente, pois temos enfim a chave" (apud Armel, 1996, p.14).

No passado rememorado pela narradora de *L'amant* não estão apenas acontecimentos vividos, mas textos. Ou talvez fosse mais apropriado dizer que esses textos são parte dos acontecimentos vividos. A memória não se restringe ao plano intratextual, mas é também, e principalmente, uma memória intertextual. A memória do vivido é também memória do narrado. E a narradora, subvertendo níveis enunciativos ao apresentar-se como responsável por outros textos, como um enunciador, portanto, apela para a memória intertextual do narratário, deslocado para o nível do enunciatário. O sujeito, em *L'amant*, revela-se, antes de tudo, múltiplo, desdobrado: enunciador, narrador(a), personagem...

Mirna Velvic-Canivez, em seu artigo "Le pacte autobiographique et le destinataire" (1997), comenta a multiplicidade das instâncias constitutivas do sujeito nos discursos autobiográficos. Segundo ela, a multiplicidade dos papéis por meio dos quais se manifesta a voz autobiográfica (enunciador, autor, redator, narrador etc.) designa um ato ao mesmo tempo mediatizado e desacelerado. O destinatário do discurso autobiográfico seria, segundo Velvic-Canivez, mais homogêneo, não sofreria as divisões internas do destinador e garantiria a estabilidade do sentido do discurso autobiográfico. Um sujeito trabalhado por tensões internas, atuando em várias instâncias ao mesmo tempo, necessita de um destinatário que absorva as disparidades e o ajude a encontrar seu centro.

Ora, em *L'amant*, o autobiográfico não tem o mesmo estatuto das autobiografias propriamente ditas, mas integra um jogo enunciativo que evidencia a própria construção da narrativa. Seu destinatário, embora não se fragmente da mesma maneira que o faz o destinador, não pode ser considerado cem por cento único. É narratário e enunciatário ao mesmo tempo (levando-se em conta o fenômeno da embreagem), é narratário dos muitos textos, dos vários possíveis da escritura, destinatário em mais de um nível. Assim como o destinador, é múltiplo e uno ao mesmo tempo.

O fracionamento do sujeito desconcerta, perturba e faz refletir sobre a narrativa e suas muitas instâncias. Mas a sua unificação em um enunciador, sujeito comum aos vários livros, delineia um conjunto de reescritura que engloba os muitos possíveis do mesmo texto. E é relevante o fazer interpretativo do enunciatário na construção desse efeito de conjunto.

Já foram abordados aqui, no que diz respeito aos conteúdos implícitos de *L'amant*, os pressupostos. Ainda não se teceram comentários, no entanto, sobre os subentendidos no texto durassiano. Recorde-se o exemplo já utilizado para tratar dos pressupostos. Quando é dito que o carro preto é o mesmo dos outros livros, pressupõe-se, pelo componente lingüístico da frase, a existência desses outros livros. Mas, quando o enunciatário, a partir do pressuposto, estabelece relações entre tais livros e *L'amant*, estendendo àqueles os efeitos produzidos neste, a conclusão que se revela é da ordem do subentendido. A extensão do efeito autobiográfico aos textos anteriores é um dos subentendidos que se descobrem a partir dos pressupostos nos quais a reescritura se faz visível. Indo um pouco mais além, pode-se pensar na ambigüidade desse efeito autobiográfico. Ora, se em *L'amant* autobiografia e ficção se misturam propositadamente, também essa mistura se transporta para as obras anteriores. Se os efeitos de sentido produzidos em *L'amant* estendem-se aos textos que o precederam, e se no livro de 1984 a ambigüidade entre recordação e invenção ressalta os processos enunciativos, é mais uma vez a escritura que será destacada na relação entre os textos de Marguerite Duras.

DE *UN BARRAGE CONTRE LE PACIFIQUE* A *L'ÉDEN CINÉMA* E A *L'AMANT*

Tanto em *Un barrage contre le Pacifique* como em *L'Éden cinéma*, a figura da mãe é central. Ambas as narrativas iniciam-se no ponto da história em que Suzanne e Joseph vivem com a mãe no bangalô, nas terras incultiváveis que podem ser, a qualquer momento, retomadas pela administração colonial. Suzanne conhece M. Jo, um rico chinês que se apaixona por ela e tenta seduzi-la. A personagem aparece, pela primeira vez, na cantina de Ram, portando um anel com um imenso diamante:

> Era um jovem que parecia ter vinte e cinco anos, vestido com um terno de seda cru. Sobre sua mesa ele colocara um chapéu feltro do mesmo tom cru. Quando bebeu um gole de pernod, eles viram em seu dedo um magnífico diamante, que a mãe se pôs a olhar em silêncio, estupefata.[6] (*BCP*, p.42)

Ainda na cantina, o chinês aproxima-se de Suzanne, e é para o diamante que convergem os olhares:

> Enquanto ele avançava em direção a Suzanne, todos olhavam seu diamante: Bart, Agosti, a mãe, Suzanne ... É preciso dizer que aquele diamante, esquecido no dedo por seu proprietário ignorante, valia sozinho aproximadamente tanto quanto todas as concessões da planície juntas.[7] (*BCP*, p.43)

O diamante figurativiza os temas da riqueza e da troca. Em *L'Éden cinéma*, o acessório (o diamante funciona como um dos signos do espetáculo) aparece como signo da diferença social que separa M. Jo das outras personagens. No trecho seguinte, extraído das didascálias da peça, M. Jo aparece ao centro da cena, com o diamante, separado dos demais pela iluminação: "Força desta imagem: no centro da cena está o Sr. Jo. Ele está branco, diamante no dedo, muito iluminado. Os outros estão na sombra e o observam. Exceto Suzanne. Observada por ele, Mr. Jo" (*EC*, p.41).[8]

O tema da troca aparece recoberto pela figura do diamante tanto em *Un barrage* como em *L'Éden*, sobretudo no momento em que M. Jo promete a Suzanne que, se ela fizer uma pequena viagem com ele, será presenteada com o diamante:

---

6 *C'était un jeune homme qui paraissait avoir vingt-cinq ans, habillé d'un costume de tussor grège. Sur sa table il avait posé un feutre du même grège. Quand il but une gorgée de pernod ils virent à son doigt un magnifique diamant, que la mère se mit à regarder en silence, interdite.*

7 *Pendant qu'il s'avançait vers Suzanne, tous regardaient son diamant: le père Bart, Agosti, la mère, Suzanne ... Il faut dire que ce diamant-là, oublié sur son doigt par son propriétaire ignorant, valait à lui seul à peu près autant que toutes les concessions de la plaine réunies.*

8 *Force de cette image: au centre de la scène Mr. Jo. Il est blanc, diamant au doigt, il est très éclairé. Les autres sont dans l'ombre et le regardent. Sauf Suzanne. Regardée par lui, Mr Jo.*

> Na véspera, ele lhe havia dito que se ela consentisse em fazer uma pequena viagem com ele à cidade, ele lhe daria um anel com um diamante.[9] (*BCP*, p.107)
>
> VOZ DE SUZANNE
> Na véspera, ele me prometera um anel com um diamante se eu fizesse com ele uma pequena viagem à cidade.[10] (*EC*, p.73)

Suzanne, enfim, recebe de M. Jo o diamante e o entrega à mãe. A jóia torna-se possibilidade de mudança, chave que poderia "fechar o passado" e "abrir o futuro":

> É algo de uma realidade à parte, o diamante; sua importância não estava nem em seu brilho nem em sua beleza mas em seu preço, em suas possibilidades, inimagináveis até então para ela, de troca. Era um objeto, um intermediário entre o passado e o futuro. Era uma chave que abria o futuro e selava definitivamente o passado.[11] (*BCP*, p.126)
>
> VOZ DE SUZANNE
> Eram coisas à parte. Sua importância não era seu brilho nem sua beleza, mas suas possibilidades de troca.[12] (*EC*, p.85)
>
> VOZ DE SUZANNE
> A imaginação se perdia. Na mão eu tinha uma chave. Aquilo fechava o passado. Abria o futuro.[13] (*EC*, p.86)

---

9 *La veille, il lui avait dit que si elle consentait à faire un petit voyage à la ville avec lui, il lui donnerait une bague avec un diamant.*

10 *VOIX DE SUZANNE*
La veille, il lui avait dit que si elle consentait à faire un petit voyage à la ville avec lui, il lui donnerait une bague avec un diamant.

11 *C'est une chose d'une réalité à part, le diamant; son importance n'était ni dans son éclat, ni dans sa beauté mais dans son prix, dans ses possibilités, inimaginables jusque-là pour elle, d'échange. C'était un objet, un intermédiaire entre le passé et l'avenir. C'était une clef qui ouvrait l'avenir et scellait définitivement le passé.*

12 *VOIX DE SUZANNE*
C'étaient des choses à part. Leur importance, ce n'était pas leur éclat, ni leur beauté mais leurs possibilités d'échange.

13 *VOIX DE SUZANNE*
L'imagination se perdait. Dans la main j'avais une clef. Ça fermait le passé. Ça ouvrait l'avenir.

A mãe tenta, sem sucesso, vender o diamante. A mulher que Joseph conhece no cinema acaba por comprar a jóia, todavia sem ficar com ela. A mãe obtém o dinheiro, mas morre sem conseguir erguer mais uma vez sua barragem contra o Pacífico.

Em *L'amant*, o diamante também recobre o tema da troca, podendo mesmo ser associado à idéia de prostituição:

> A mãe fala, fala. Ela fala da prostituição evidente e ri, do escândalo, daquela palhaçada, daquele chapéu deslocado, daquela elegância sublime da menina da travessia do rio ... daquela criança que estava até então escondida nos postos do interior e que de repente chega à cidade expondo-se ao julgamento e aos olhos de todos, com a grande ralé bilionária chinesa, diamante no dedo como uma jovem banqueira, e ela chora.[14] (*A*, p.113)

Na passagem transcrita a seguir, o diamante ressalta a hipocrisia das funcionárias do pensionato onde vivia a personagem/narradora. O valor financeiro do anel é o elemento que tornaria quase permitida a relação da menina com o chinês:

> Logo eu terei um diamante no dedo anular. Então as supervisoras não repreenderão mais. Duvidarão de que eu esteja realmente noiva, mas o diamante vale muito dinheiro, ninguém duvidará de sua autenticidade e ninguém dirá mais nada, por causa desse preço do diamante que alguém deu à jovenzinha.[15] (*A*, p.88)

Maria Cecília de Moraes Pinto assinala que, tanto em *Un barrage contre le Pacifique* como em *L'amant* e em *L'amant de la Chine du Nord* (e poder-se-ia acrescentar *L'Éden cinéma*), o núcleo

---

14 *La mère parle, parle. Elle parle de la prostitution éclatante et elle rit, du scandale, de cette pitrerie, de ce chapeau déplacé, de cette élégance sublime de l'enfant de la traversée du fleuve ... de cette jeune enfant qui était jusque-là cachée dans les postes de brousse et qui tout à coup arrive au grand jour et se commet dans la ville au su et à la vue de tous, avec la grande racaille milliardaire chinoise, diamant au doigt comme une jeune banquière, et elle pleure.*

15 *Bientôt j'aurai un diamant au doigt des fiançailles. Alors les surveillantes ne me feront plus de remarques. On se doutera bien que je ne suis pas fiancée, mais le diamant vaut très cher, personne ne doutera qu'il est vrai et personne ne dira plus rien à cause de ce prix du diamant qu'on a donné à la très jeune fille.*

temático da narrativa apresenta uma ligação triangular, em relação à qual a figura do amante representaria o elemento exterior:

> De qualquer modo, o núcleo temático das três narrativas – *Barrage*, *Amant*, *Amant de la Chine du Nord* – apresenta uma ligação triangular mãe/filha/filhos(s) desdobrada em duplas (mãe/filha; mãe/filho(s); irmã/irmão(s) ou irmã/irmão mais velho e irmã/irmão mais moço). Nesse microcosmo, irrompe o amante, o estranho, o que vem de fora. Em graus variáveis, será o instrumento adequado de libertação, quando as pressões internas atingirem seu clímax. (1996a, p.223)

Esse "estranho", "que vem de fora", em *Un barrage* e em *L'Éden* é M. Jo, descrito como uma figura desprezível, apresentado com traços depreciativos. Somente seu diamante e seu carro, designativos de sua riqueza, são desejáveis:

> – Merda, que carrão, diz Joseph. Acrescentou: no resto, é um macaco.
>
> O diamante era enorme, o terno de seda, muito bem cortado. O chapéu mole parecia saído de um filme: um chapéu que se colocava negligentemente na cabeça antes de entrar no seu quarenta cavalos e de ir a Longchamp jogar metade de sua fortuna porque se está deprimido por causa de uma mulher. Realmente, a aparência não era bela. Os ombros eram estreitos, os braços curtos, ele devia ter uma altura abaixo da média. As mãos pequenas eram bem cuidadas, mais para magras, suficientemente belas. E a presença do diamante lhes conferia um valor de realeza, um pouco delinqüescente.[16] (*BCP*, p.42)

Em *L'Éden cinéma*, a riqueza de M. Jo parece merecer um destaque ainda maior, sobretudo da parte de Suzanne, cuja voz narra as passagens abaixo:

---

16 *– Merde, quelle bagnole, dit Joseph. Il ajouta: Pour le reste, c'est un singe. Le diamant était énorme, le costume en tussor, très bien coupé. Le chapeau mou sortait d'un film: un chapeau qu'on se posait négligemment sur la tête avant de monter dans sa quarante chevaux et d'aller à Longchamp jouer la moitié de sa fortune parce qu'on a le cafard à cause d'une femme. C'était vrai, la figure n'était pas belle. Les épaules étaient étroites, les bras courts, il devait avoir une taille au-dessous de la moyenne. Les mains petites étaient soignées, plutôt maigres, assez belles. Et la présence du diamant leur conférait une valeur royale, un peu déliquescente.*

> No pátio da cantina de Réam, naquela noite, havia uma grande limusine preta.
>
> No interior dessa limusine, um motorista de libré esperando...
>
> O sr. Jo era rico. Era o filho único de um grande especulador de Saigon.
>
> O pai do sr. Jo comprara as plantações das Terras Vermelhas do norte do Camboja durante a crise da borracha, havia dez anos. Ele as estava vendendo agora a preço de ouro para empresas estrangeiras.
>
> O único herdeiro daquela imensa fortuna estava naquela noite em Réam...
>
> O diamante na mão esquerda era enorme...
>
> O terno era de seda chinesa – cortado em Paris. A limusine era admirável. Bilionário.
>
> Ele estava sozinho e olhava para mim.[17] (*EC*, p.41-2)

A personagem de M. Jo, embora já contenha muitas das características do chinês de *L'amant* (é chinês, rico, está apaixonado mas não pode casar-se pois o pai o impede), não é descrita da mesma forma. E a grande diferença reside, como lembra M. Calle-Gruber (1986, p.113), na relação com a menina. Enquanto o amante do livro de 1984 leva à "descoberta do corpo e do prazer" (ibidem, p.114), M. Jo é desprezado por Suzanne, e a única intimidade possível entre eles reduz-se ao *voyeurismo* e denota ares de prostituição. Observe-se a passagem abaixo, na qual M. Jo pede a Suzanne que o deixe vê-la no banho. Quando ela pensa em abrir a porta para que ele a veja, o chinês promete-lhe um fonógrafo em troca de tal atitude:

> Depois de suas conversas sobre os fonógrafos e suas diferentes qualidades, o sr. Jo pediu a Suzanne para abrir-lhe a porta do banheiro para que ele pudesse vê-la completamente nua, e por isso prome-

17 *Dans la cour de la cantine de Réam ce soir-là il y avait une grande limousine noire.*
À l'intérieur de cette limousine, un chauffeur en livrée qui attendait...
Mr. Jo était riche. Il était le fils unique d'un grand spéculateur de Saïgon.
Le père de Mr. Jo avait racheté les plantations des Terres Rouges du nord du Cambodge pendant la crise du caoutchouc, il y avait dix ans. Il les revendait maintenant à prix d'or à des sociétés étrangères.
Le seul héritier de cette immense fortune était ce soir-là à Réam...
Le diamant à la main gauche était énorme...
Le costume était en tussor chinois – coupé à Paris. La limousine était admirable. Milliardaire.
Il était seul et il me regardait.

teu-lhe o último modelo de La Voix de Son Maître, além de discos, as últimas novidades de Paris. Com efeito, enquanto Suzanne tomava sua ducha como todas as noites antes de ir a Ram, ele bateu discretamente na porta do banheiro.

– Abra para mim, disse baixinho o senhor Jo. Eu não a tocarei, não darei um passo, simplesmente a olharei, abra para mim ...

Imóvel, Suzanne ainda esperava para saber se deveria. A recusa havia saído maquinalmente. Tinha sido não. De início não, imperiosamente. Mas o sr. Jo suplicava ainda enquanto esse não lentamente se invertia e Suzanne, inerte, trancada, deixava-se levar. Ele tinha muita vontade de vê-la. De qualquer modo, era a vontade de um homem. Ela estava lá também, feita para ser vista, bastava abrir a porta. E nenhum homem no mundo vira ainda aquela que permanecia ali atrás daquela porta. Não havia sido feito para ficar escondido, mas ao contrário, para ser visto e fazer seu caminho no mundo, o mundo ao qual pertencia aquele senhor Jo. Mas foi quando ela estava a ponto de abrir a porta do banheiro obscuro para que penetrasse o olhar do sr. Jo e a luz se fizesse enfim sobre aquele mistério, que o sr. Jo falou do fonógrafo.

– Amanhã você terá seu fonógrafo ... Minha pequena Suzanne querida, abra um segundo e você terá seu fonógrafo.

Foi assim que, no momento em que ela ia abrir e dar se a ver ao mundo, o mundo a prostituiu. Com a mão na maçaneta da porta, ela interrompeu o gesto.

– Você é um lixo, disse ela fracamente.[18] (*BCP*, p.72-3)

---

18 *Après leurs entretiens sur les phonographes et leurs différents mérites, M. Jo demanda à Suzanne de lui ouvrir la porte de la cabine de bains afin qu'il puisse la voir toute nue, moyennant quoi il lui promit le dernier modèle de La Voix de Son Maître et des disques en plus, les dernières-nouveautés-de-Paris. En effet, tandis que Suzanne se douchait comme chaque soir avant d'aller à Ram, il frappa discrètement à la cabine de bains.*
– Ouvrez-moi, dit M. Jo, très doucement. Je ne vous toucherai pas, je ne ferai pas un pas, simplement je vous regarderai, ouvrez-moi ...
Immobile, Suzanne attendait toujours de savoir s'il le fallait. Le refus était sorti d'elle machinalement. Ç'avait été non. D'abord, non, impérieusement. Mais M. Jo suppliait encore tandis que ce non lentement s'inversait et que Suzanne, inerte, emmurée, se laissait faire. Il avait très envie de la voir. Quand même c'était là l'envie d'un homme. Elle, elle était là aussi, bonne à être vue, il n'y avait que la porte à ouvrir. Et aucun homme au monde n'avait encore vu celle qui se tenait là derrière cette porte. Ce n'était pas fait pour être caché mais au contraire pour être vu et faire son chemin de par le monde, le monde auquel appartenait quand même celui-là, ce M. Jo. Mais c'est lorsqu'elle fut sur le point d'ouvrir la porte de la cabine obscure pour que pénètre le regard de M. Jo et que la lumière se fasse

Em *L'Éden cinéma*, esse tipo de relação se repete; Suzanne recebe o presente de M. Jo também após ter-se mostrado a ele. E os pensamentos dela em *Un barrage* tornam-se suas palavras em *L'Éden cinéma*, por meio de sua voz que narra em *off*:

> Suzanne começa a desapertar o vestido.
> VOZ DE SUZANNE
> O que eu era não havia sido feito para ficar escondido. Mas para ser visto. Para fazer seu caminho no mundo. E o sr. Jo pertencia a esse mundo.
> A luz devia fazer-se sobre aquele mistério, aquela moça.
> Suzanne continua seu gesto. Termina-o.
> O sr. Jo volta. Está acompanhado do cabo, que traz um enorme pacote.
> SR. JO
> É um fonógrafo. Sou assim. Cumpro minhas promessas.[19] (*EC*, p.60-2)

Em *L'amant*, ao contrário, a relação da personagem/narradora com o chinês reveste-se de lirismo, e os "jogos eróticos de *Un barrage* com um homem que despreza ... são substituídos por um ato sexual intensamente vivido, de caráter iniciático" (Pinto, 1996a, p.223).

Contrariamente ao que pode fazer crer o título, em *L'amant*, conforme observa M. Calle-Gruber (1986, p.116), a personagem principal não é o amante, mas a garota, a personagem/narradora.

---

enfin sur ce mystère, que M. Jo parla du phonographe.
– Demain vous aurez votre phonographe ... Ma petite Suzanne chérie, ouvrez une seconde et vous aurez votre phono.
C'est ainsi qu'au moment où elle allait ouvrir et se donner à voir au monde, le monde la prostitua. La main sur le loquet de la porte elle arrêta son geste.
– Vous êtes une ordure, dit-elle faiblement.

19 *Suzanne commence à dégrafer sa robe.*
VOIX DE SUZANNE
Ce que j'étais n'était pas fait pour être caché. Mais pour être vu. Pour faire son chemin dans le monde. Et Mr. Jo appartenait quand même à ce monde.
La lumière devait se faire sur ce mystère, cette jeune fille.
Suzanne continue son geste. L'achève.
Mr. Jo revient. Il est suivi du caporal qui porte un énorme paquet
Mr. Jo
C'est un phono. Je suis comme ça. Je tiens mes promesses.

São dela a voz e o ponto de vista; a narrativa focaliza suas experiências e organiza-se pelas suas palavras. Em *Un barrage contre le Pacifique* e em *L'Éden cinéma*, o ponto de vista também é o da personagem feminina, Suzanne. É pela visão dela, por exemplo, que, em *Un barrage*, é narrado o episódio da mendiga indiana:

> A mulher que tinha um pé machucado levara oito dias para vir de Ram; ao longo da estrada ela tentara dar sua filha ... Explicou à mãe que sua filha a atrapalhava para voltar ao norte e que ela jamais poderia levá-la até lá ... Dizia que amava tanto a filha que havia andado trinta e cinco quilômetros na ponta do pé machucado para trazê-la ... Durante três dias a mulher dormira sobre uma esteira perto do bangalô, levantando-se apenas para comer e dormindo novamente logo depois, sem pedir notícias da filha...
>
> A mãe ficara com a criança...
>
> A menininha viveu três meses ... Joseph a enterrara em uma clareira da montanha ... Suzanne recusara vê-la. Fora muito pior do que com o cavalo, pior do que tudo, pior do que as barragens, do que o sr. Jo, do que o azar constante.[20] (*BCP*, p.119-21)

Tal episódio, retomado em vários outros livros de Marguerite Duras, não aparece em *L'Éden cinéma*. Em *L'amant*, é resgatado pela memória da narradora, que o banha em tintas autobiográficas:

> Corro cada vez mais rápido. E de repente tenho a impressão de ouvir alguém correndo atrás de mim ... Correndo, olho para trás e vejo. É uma mulher alta, muito magra, magra como a morte e que ri e que corre ... Eu a reconheço, é a louca do posto, a louca de Vinhlong ... A lembrança é de um medo central.[21] (*A*, p.103-4)

---

20 *La femme qui avait un pied malade avait mis huit jours pour venir de Ram; tout le long de la route elle avait essayé de donner son enfant ... Elle expliqua à la mère que son enfant la gênait pour retourner dans le Nord et qu'elle ne pourrait jamais la porter jusque-là ... Elle disait qu'elle aimait tellement son enfant qu'elle avait fait trente-cinq kilomètres en marchant sur la pointe du pied malade pour venir la lui apporter ... Pendant trois jours la femme avait dormi sur une natte à l'ombre du bungalow, ne se levant que pour manger et se rendormant aussitôt après, sans demander des nouvelles de son enfant ... La mère avait gardé l'enfant...*
La petit fille vécut trois mois. ... Joseph l'avait enterrée dans une clairière de la montagne ... Suzanne avait refusé de la voir. Ç'avait été bien pire que pour le cheval, pire que tout, pire que les barrages, que M. Jo, que la déveine.

21 *Je cours de plus en plus vite. Et tout à coup je crois entendre une autre course derrière moi ... Tout en courant je me retourne et je vois. C'est une très grande*

> Povoei a cidade toda com aquela mendiga da avenida. Todas as mendigas das cidades, dos arrozais, das estradas que contornavam o Sião, as das margens do Mékong, eu povoei com ela que me causara medo. Ela veio de toda parte. Chegou sempre de Calcutá, não importa de onde tivesse vindo...
>
> Ao lado dela a garotinha da história. Por dois mil quilômetros ela a vem carregando consigo. Não a quer mais de jeito nenhum, entrega-a, vamos, tome-a ... Esta aqui que dorme sob as caneleiras ainda não morreu ... Morrerá dentro de casa, com um vestido de renda.[22] (*A*, p.106)

Enquanto *L'amant* centraliza-se nas experiências da narradora, *Un barrage contre le Pacifique* e *L'Éden cinéma* focalizam principalmente a mãe, sua luta, suas barragens. Enganada pelos funcionários corruptos do governo colonial, a mãe não se resigna e luta, construindo barragens contra o Pacífico e escrevendo cartas aos agentes cadastrais. Luta por si e por todas as vítimas da injustiça:

> Ela saíra da noite do Éden ignorando tudo.
>
> O grande vampirismo colonial.
>
> A injustiça fundamental que reina sobre os pobres do mundo.[23] (*EC*, p.21)

> Não... dizia ela. Não... As crianças mortas de fome, as colheitas queimadas pelo sal, não, aquilo também não podia durar para sempre.[24] (*EC*, p.25)

---

femme, très maigre, maigre comme la mort et qui rit et qui cour ... Je la reconnais, c'est la folle du poste, la folle de Vinhlong ... Le souvenir est celui d'une peur centrale.

22 *J'ai peuplé toute la ville de cette mendiante de l'avenue. Toutes les mendiantes des villes, des rizières, celles des pistes qui bordaient le Siam, celles des rives du Mékong, je l'en ai peuplée elle qui m'avait fait peur. Elle est venue de partout. Elle est toujours arrivée à Calcutta, d'où qu'elle soit venue...*
À côté d'elle la petite fille de l'histoire. Elle la porte depuis deux mille kilomètres. Elle n'en veut plus du tout, elle la donne, allez, prends ... Celle-ci qui dort sous les pommiers canneliers n'est pas encore morte ... Elle mourra à l'intérieur de la maison, en robe de dentelle.

23 *Elle était sortie de la nuit de l'Éden ignorante de tout.*
Du grand vampirisme colonial.
De l'injustice fondamentale qui règne sur les pauvres du monde.

24 *Non... disait-elle. Non... Les enfants morts de faim, les récoltes brûlées par le sel, non ça pouvait aussi ne pas durer toujours.*

> A mãe quer vencer a injustiça, a injustiça fundamental que rege a história dos pobres do mundo.[25] (*EC*, p.107)

E a mola que impulsiona essa luta é a esperança. A mãe constrói barragens que sucumbem, não conseguem vencer a força das águas. Mas a esperança a faz querer reconstruí-las; é pela esperança que a mãe se mantém de pé, como se fora ela mesma uma frágil barragem tentando deter todo um oceano:

> Poder-se-ia crer que foi a partir daí que tudo realmente começou. E quem não se teria sensibilizado, tomado de uma grande angústia e de uma grande raiva diante da imagem daquelas barragens amorosamente edificadas por centenas de camponeses da planície finalmente despertos de seu torpor milenar por uma esperança súbita e louca e que, em uma noite, haviam desmoronado como um castelo de cartas, espetacularmente, em uma única noite, sob o ataque elementar e implacável das ondas do Pacífico?[26] (*BCP*, p.30)

> Foi lá que fomos jovens.
> Que a mãe viveu sua maior esperança.[27] (*EC*, p.29-30)

Em *L'Éden cinéma*, a mãe escreve, antes de morrer, uma longa carta aos agentes da administração colonial, na qual ela se volta contra toda a injustiça sofrida pelos camponeses de sua região. O conteúdo da carta é dado a conhecer ao espectador pelo discurso da própria personagem da mãe, que a recita em cena. A esperança é reafirmada como o sentido da vida da mãe: esperar é o porquê de lutar de quem vê na luta em si o porquê de viver:

---

25 *Elle veut avoir raison de l'injustice, la mère, de l'injustice fondamentale qui régit l'histoire des pauvres du monde.*

26 *On pouvait croire que c'était à partir de là que tout avait vraiment commencé. Et qui n'aurait été sensible, saisi d'une grande détresse et d'une grande colère, en effet, à l'image de ces barrages amoureusement édifiés par des centaines de paysans de la plaine enfin réveillés de leur torpeur millénaire par une espérance soudaine et folle et qui, en une nuit, s'étaient écroulés comme un château de cartes, spectaculairement, en une seule nuit, sous l'assaut élémentaire et implacable des vagues du Pacifique?*

27 *C'est là que nous avons été jeunes.*
Que la mère a vécu son espoir le plus grand.

> Se eu não tiver nem mesmo essa esperança, então é melhor que eu expulse meus filhos da planície e fique sozinha nesta terra podre e me ocupe disto, de mandar assassinar os agentes cadastrais de Ram. O que então me ocuparia melhor no deserto de minha vida?[28] (*EC*, p.131)

> Vocês são meu principal pensamento, minha idéia fixa há sete anos.
>
> Eu lhes repito uma última vez, é preciso viver de alguma coisa, e se não for da esperança, ainda que muito vaga, de novas barragens, será de cadáveres, de desprezíveis cadáveres dos três agentes cadastrais de Kampot.[29] (*EC*, p.133)

Em *L'amant*, as barragens e a esperança da mãe não são o principal episódio narrado, mas fazem parte das lembranças da narradora, em cuja infância a infelicidade da mãe ocupou o lugar do sonho:

> Digo-lhe que em minha infância a infelicidade de minha mãe ocupou o lugar do sonho. Que o sonho era minha mãe e nunca as árvores de Natal, sempre ela, fosse a mãe esfolada viva pela miséria ou ... a que interminavelmente conta o que aconteceu a ela ... ela fala de sua inocência, de suas economias, de sua esperança.[30] (*A*, p.58-9)

A morte da mãe nos livros anteriores converte-se na renúncia à esperança e ao projeto em *L'amant*:

> Durou esse tempo, sete anos. E depois, enfim, a esperança foi deixada de lado. Foi abandonada. Abandonadas também as tentati-

---

28 *Si je n'ai même pas cet espoir-là, alors il vaut mieux que je chasse mes enfants de la plaine et que je reste seule sur cette terre pourrie et que je m'occupe à faire ça, à faire assassiner les agents du cadastre de Ram. Quoi donc m'occuperait mieux dans le désert de ma vie?*

29 *Vous êtes ma pensée principale, mon idée fixe, depuis sept ans.*
Je vous le répète une dernière fois, il faut bien vivre de quelque chose et si ce n'est pas de l'espoir, même très vague, de nouveaux barrages, ce sera de cadavres, mêmes de méprisables cadavres des trois agents cadastraux de Kampot.

30 *Je lui dis que dans mon enfance le malheur de ma mère a occupé le lieu du rêve. Que le rêve c'était ma mère et jamais les arbres de Noël, toujours elle, qu'elle soit la mère écorchée vive de la misère ou qu'elle soit ... celle qui interminablement raconte ce qui est arrivé à elle ... elle parle de son innocence, de ses économies, de son espoir.*

> vas contra o oceano. À sombra da varanda olhamos a montanha de Sião, escura sob o sol a pino, quase negra. A mãe está enfim calma, fechada. Somos filhos heróicos, desesperados.[31] (*A*, p.70-1)

As barragens, a mãe, a esperança. Em *L'Éden cinéma*, esses elementos já aparecem ordenados, de certa forma, por um processo mnemônico. A narrativa que se constrói dentro do teatro, conduzida em primeira pessoa por Joseph e Suzanne (em sua maior parte por Suzanne), organiza-se de acordo com as recordações das duas personagens. Embora não tão freqüentes quanto em *L'amant*, os verbos e expressões ligados à memória fazem-se presentes ao longo da narrativa de *L'Éden cinéma*:

> VOZ DE SUZANNE
> Lembro-me dela naquela noite. Está com seu vestido de seda granadino gasto na altura dos seios.[32] (*EC*, p.31)
>
> VOZ DE SUZANNE OU JOSEPH
> Lembro-me: aquele cheiro de fogo em toda a planície.[33] (*EC*, p.34)
>
> VOZ DE SUZANNE
> Lembro-me daqueles dias, daquela agonia. Longa. Aquele sol. Aquela seca, aquilo causava febre.[34] (*EC*, p.142)

A memória funciona como adjuvante das personagens/narradoras na construção da narrativa. As próprias cenas representadas que nascem da narrativa podem ser consideradas projeções das

31 *Ça a duré tout cet âge, sept ans. Et puis enfin l'espoir a été renoncé. Il a été abandonné. Abandonnées aussi les tentatives contre l'océan. À l'ombre de la vérandah nous regardons la montagne de Siam, très sombre dans le plein soleil, presque noire. La mère est enfin calme, murée. Nous sommes des enfants héroïques, désespérés.*

32 VOIX DE SUZANNE
Je me souviens d'elle ce soir-là. Elle porte sa robe de soie grenat usée à l'endroit des seins.

33 VOIX DE SUZANNE OU JOSEPH
Je me souviens: cette odeur de feu dans toute la plaine.

34 VOIX DE SUZANNE
Je me souviens de ces jours-là, cette agonie. Longue. Ce soleil. Cette sécheresse, ça donnait la fièvre.

lembranças das personagens/narradoras, especialmente de Suzanne, a quem cabe uma parte maior na tarefa de narrar.

Mas é em *L'amant* que a memória, juntamente com os demais recursos, é capaz de produzir o efeito autobiográfico que, por meio da reescritura, estende-se a *L'Éden cinéma* e a *Un barrage contre le Pacifique*. Episódios dessas duas obras são corrigidos, reinterpretados em *L'amant*.

> Não é, portanto, na cantina de Réam, vejam, como eu havia escrito, que conheço o homem rico da limusine preta, é depois do abandono da concessão, dois ou três anos depois, na balsa, naquele dia que estou descrevendo, naquela luminosidade de bruma e de calor.[35] (*A*, p.36)

Ora, em *Un barrage contre le Pacifique* e em *L'Éden cinéma* o encontro com o rico chinês dá-se na cantina de Réam. Em *L'amant*, a narradora diz que essa informação anterior é errônea. Dizer que o que foi narrado anteriormente não é exato e fazer uma espécie de correção do que se disse é jogar com os efeitos de autobiografia e de ficção. É reinterpretar o vivido e o narrado, é reescrever. E na *explicitação* da reescritura os conteúdos *implícitos* são, como já se afirmou aqui, de fundamental importância. No trecho seguinte, tirado de *L'amant*, a narradora fala da concessão e das barragens: "Quando estou na balsa do Mékong, naquele dia da limusine preta, a concessão da barragem ainda não foi abandonada por minha mãe"[36] (*A*, p.35). Ora, em *L'amant* não se havia ainda narrado o episódio da concessão e das barragens. O trecho remete, pois, a textos anteriores, como *Un barrage contre le Pacifique* e *L'Éden cinéma*. Todo o episódio das barragens é, pois, pressuposto e, desse modo, atingido pelo efeito autobiográfico de *L'amant*. Como observa Marie-Thérèse Ligot:

---

35 *Ce n'est donc pas à la cantine de Réam, vous voyez, comme je l'avais écrit, que je rencontre l'homme riche à la limousine noire, c'est après l'abandon de la concession, deux ou trois ans après, sur le bac, ce jour que je raconte, dans cette lumière de brume et de chaleur.*

36 *Quand je suis sur le bac du Mékong, ce jour de la limousine noire, la concession du barrage n'a pas encore été abandonnée par ma mère.*

> Essa veia autobiográfica de *Un barrage*, que nós vemos agora tão claramente – em perspectiva por assim dizer – graças aos textos que o desenvolveram em seguida (*L'Éden cinéma* no teatro em 1977, mas sobretudo *L'amant* em 1984 e *L'amant de la Chine du Nord* em 1991), foi muito pouco notada de início. (1992, p.13-4)

De *Un barrage contre le Pacifique* a *L'amant*, passando por *L'Éden cinéma*, percorre-se um caminho de reescritura que pode ser lido ao inverso, tomando-se *L'amant* como ponto-chave para uma outra visão dos pontos anteriores.

DE *L'AMANT* A *L'AMANT DE LA CHINE DU NORD*

Já se chegou a abordar, no primeiro capítulo deste estudo, o prefácio (ou o texto que exerce essa função) de *L'amant de la Chine du Nord.* Os comentários feitos então limitaram-se a explicar que se trata de um prefácio autoral, no qual uma menção ao gênero – a palavra *romance* – direciona as expectativas do leitor. Esse tipo de paratexto também exerce, no entanto, na sua relação com o texto, outras funções igualmente significativas.

O primeiro parágrafo do prefácio arrola os títulos possíveis para o livro:

> O livro poderia ter se chamado: *O amor na rua* ou *O romance do amante* ou *O amante recomeçado*. Finalmente, escolheu-se entre dois títulos mais vastos, mais verdadeiros: *O amante da China do Norte* ou *A China do Norte*.[37] (*ACN*, p.11)

Gérard Genette (1987, p.198) coloca o comentário do título como uma das funções possíveis do prefácio. No prefácio de *L'amant de la Chine du Nord*, a lista de títulos prováveis sublinha a reescritura. *L'amant recommencé* (*O amante recomeçado*), sobretudo, evidencia o caráter de recomeço, de revisitação. *Sempre* a mesma história, mas *nunca* a mesma: "Escrevi a história do amante

---

37 *Le livre aurait pu s'intituler:* L'Amour dans la rue *ou* Le Roman de l'amant *ou* L'Amant recommencé. *Pour finir on a eu le choix entre deux titres plus vastes, plus vrais:* L'Amant de la Chine du Nord *ou* La Chine du Nord.

da China do Norte e da criança: ela ainda não existia em *L'amant*, faltava tempo para ela" (*ACN*, p.11).[38]

O prefácio original pode também, segundo G. Genette (1987, p.195), informar o leitor a respeito da origem da obra, das circunstâncias de sua redação. Em *L'amant de la Chine du Nord*, o prefácio, após situar claramente a obra em um contexto de reescritura, apresenta o fato que desperta o desejo de voltar à história do amante da China do Norte e da menina; a morte do chinês:

> Eu soube que há anos ele havia morrido. Era maio de 1990, faz um ano agora. Eu nunca havia pensado em sua morte. Disseram-me também que ele estava enterrado em Sadec, que a casa azul continuava lá, habitada por sua família e filhos. Que ele fora amado em Sadec por sua bondade, sua simplicidade e também que se tornara muito religioso no fim de sua vida.
>
> Abandonei o trabalho que estava fazendo. Escrevi a história do amante da China do Norte e da criança...
>
> Eu não imaginara absolutamente que a morte do chinês pudesse acontecer, a morte do seu corpo, da sua pele, do seu sexo, das suas mãos. Durante um ano voltei à idade da travessia do Mékong na balsa de Vinh-Long.[39] (*ACN*, p.11-2)

Na explicação das circunstâncias da escritura do livro, o recurso ao implícito continua sendo empregado. O conhecimento da personagem do chinês e de sua história com a menina, por exemplo, é pressuposto, faz parte de um saber comum ao destinador e ao destinatário do paratexto prefacial. Pressupõe-se, pois, o conhecimento de conteúdos narrados em *L'amant*. A partir dessa

---

38 *J'ai écrit l'histoire de l'amant de la Chine du Nord et de l'enfant: elle n'était pas encore là dans* L'Amant, *le temps manquait autour d'eux.*

39 *J'ai apris qu'il était mort depuis des années. C'était en mai 90, il y a donc un an maintenant. Je n'avais jamais pensé à sa mort. On m'a dit aussi qu'il était enterré à Sadec, que la maison bleue était toujours là, habitée par sa famille et des enfants. Qu'il avait été aimé à Sadec pour sa bonté, sa simplicité et qu'aussi il était devenu très religieux à la fin de sa vie.*
J'ai abandonné le travail que j'étais en train de faire. J'ai écrit l'histoire de l'amant de la Chine du Nord et de l'enfant...
Je n'avait pas imaginé du tout que la mort du Chinois puisse se produire, la mort de son corps, de sa peau, de son sexe, de ses mains. Pendant un an j'ai retrouvé l'âge de la traversée du Mékong dans le bac de Vinh-Long.

pressuposição, subentende-se a inserção dos dois livros em um mesmo ciclo de reescritura.

O episódio apresentado como desencadeador da escritura de *L'amant de la Chine du Nord* – a notícia da morte do chinês – parece indicar um certo contrato de veracidade. G. Genette (1987, p.191) explica que a afirmação de veracidade, ou de sinceridade, é uma das funções que podem ser desempenhadas por um prefácio. Referir-se ao chinês como a uma personagem pertencente ao mundo real, exterior à ficção, falar de sua morte, fornecendo até mesmo a data em que se teve tal notícia, é, de certo modo, ancorar o texto na realidade. Mas essa realidade é ambígua. De que realidade se está falando: da vida ou da obra? Realidade exterior ao texto ou realidade dos efeitos produzidos no texto? A ancoragem se faz, portanto, em uma realidade que perpassa os vários textos da autora, origina-se neles uma realidade intertextual.

E a última frase do prefácio (já citada aqui), na qual se faz menção ao gênero (romance: "Voltei a ser uma escritora de romances."),[40] *ao ressaltar* o caráter de narrativa romanesca, parece realizar um procedimento próximo do que Gérard Genette chama de *contrato de ficção*.

Percebe-se, pois, em *L'amant de la Chine du Nord*, desde o prefácio, o jogo de ambigüidade característico dos textos durassianos. Ao mesmo tempo que se relaciona o texto em questão a uma realidade fundada na reescritura e ligada a um efeito autobiográfico, ressalta-se a pertinência da obra a um gênero ficcional, o romance. O prefácio joga, portanto, com os diferentes efeitos de sentido e faz da ambigüidade o elemento que destrói certezas e suscita reflexões.

O texto propriamente dito inicia-se ressaltando o entrecruzamento de linguagens diferentes e evidenciando a escritura: "A voz que fala aqui é aquela, escrita, do livro" (*ACN*, p.17).[41] Já foi dito que as personagens são apresentadas em relação aos livros anteriores e são como que recriadas para o cinema. *L'amant de la Chine du Nord* coloca-se como possibilidade de reescritura de *L'amant*

40 *Je suis redevenue un écrivain de romans.*

41 *La voix qui parle ici est celle, écrite, du livre.*

para o cinema, apresentando-se como partitura cinematográfica, como texto que pode ser atualizado na forma de filme.

Os acontecimentos narrados em *L'amant* são revisitados, recriados em outra linguagem, reescritos. A narrativa do encontro com o chinês na travessia do Mékong recria a cena e funda-se na pressuposição do conhecimento do narratário acerca do episódio e dos livros:

> É o rio.
>
> A balsa sobre o Mékong. A balsa dos livros.
>
> Do rio.
>
> Na balsa estão o ônibus para nativos, os longos Léon-Bollée pretos, os amantes da China do Norte olhando.
>
> A balsa vai embora.
>
> Após a partida a criança desce do ônibus. Olha para o rio. Olha também para o chinês elegante que está no grande carro preto.
>
> Ela, a criança, está maquiada, vestida como a jovem dos livros...
>
> Da limusine preta saiu um homem que não é o do livro, um outro chinês da Manchúria. Ele é um pouco diferente daquele do livro ... É mais "para o cinema" do que o do livro...
>
> Ela continuou a mesma do livro, pequena, magra, atrevida, difícil de desvendar.[42] (*ACN*, p.35-6)

A conversa entre a menina e o chinês, relatada por meio do discurso indireto em *L'amant*, é agora apresentada em forma de diálogo direto, conferindo ao texto uma maior proximidade com o gênero dramático:

---

42 *C'est le fleuve.*
C'est le bac sur le Mékong. Le bac des livres.
Du fleuve.
Dans le bac il y a le car pour indigènes, les longues Léon-Bollée noires, les amants de la Chine du Nord qui regardent.
Le bac s'en va.
Après le départ l'enfant sort du car. Elle regarde le fleuve. Elle regarde aussi le Chinois élégant qui est à l'intérieur de la grande auto noire.
Elle, l'enfant, elle est fardée, habillée comme la jeune fille des livres...
De la limousine noire est sorti un autre homme que celui du livre, un autre Chinois de la Mandchourie. Il est un peu différent de celui du livre... Il est plus "pour le cinéma" que celui du livre...
Elle, elle est restée celle du livre, petite, maigre, hardie, difficile à attraper le sens.

> A curiosidade dele começa aí.
> A criança diz:
> – Que carro é o seu?
> – Um Morris Léon-Bollée.
> A criança demonstra que não conhece. Ri. Diz:
> – Nunca ouvi esse nome...
> Ele ri com ela. Ela pergunta:
> – Quem é você?
> – Moro em Sadec.
> – Onde em Sadec?
> – À beira do rio, é a casa grande com varandas. Logo depois de Sadec.[43] (*ACN*, p.37)

Os motivos e personagens que se repetem obsessivamente a cada texto continuam presentes. A figura de Anne-Marie Stretter ressurge, envolta no mesmo fascínio:

> De repente, a criança olha fascinada aquela balsa que vem. A criança esquece o chinês.
> Na balsa que chega ela acaba de reconhecer o Lancia preto conversível da mulher de vestido vermelho da Valsa da noite.
> O chinês pergunta quem é...
> – É a Sra. Stretter. Anne-Marie Stretter. A mulher do administrador geral. Em Vinh-Long chamam-na A. M. S...[44] (*ACN*, p.39-40)

---

43 *Sa curiosité à lui commence là.*
L'enfant dit:
– C'est quoi votre auto?
– Une Morris Léon-Bollée.
L'enfant fait signe qu'elle ne connaît pas. Elle rit.
Elle dit:
– Jamais entendu un nom pareil...
Il rit avec elle. Elle demande:
– Vous êtes qui?
– J'habite Sadec.
– Où ça à Sadec?
– Sur le fleuve, c'est la grande maison avec des terrasses. Juste après Sadec.

44 *Tout à coup l'enfant regarde dans la fascination ce bac qui vient. L'enfant oublie le Chinois.*
Sur le bac qui arrive elle vient de reconnaître la Lancia noire décapotable de la femme en robe rouge de la Valse de la nuit.
Le Chinois demande qui c'est...
– C'est Madame Stretter. Anne-Marie Stretter. La femme de l'Administrateur général, À Vinh-Long on l'appelle A. M. S...

A maneira pela qual é apresentada a mendiga indiana no texto de *L'amant de la Chine du Nord* é emblemática: representa as repetidas vezes em que o episódio é narrado ao longo da obra de Marguerite Duras. As expressões *chaque nuit* (toda noite) e *pour toujours* (para sempre) carregam a idéia da repetição, da obsessão com que a imagem é tantas vezes e em tantos textos narrada:

> No vazio deixado pela criança uma terceira música se faz ouvir, entrecortada por gargalhadas estridentes, gritos. É a mendiga do Ganges que atravessa o posto como toda noite. Para sempre tentar atingir o mar, a estrada de Chittagong, a das crianças mortas, dos mendigos da Ásia.[45] (*ACN*, p.22)

Nas conversas com o amante chinês, a menina fala de Anne-Marie Stretter e da mendiga indiana misturando a memória à imaginação:

> O chinês diz que há uma daquelas mendigas entre Vinh-Long e Sadec que, à noite, grita rindo, que faz discursos, canta. Que causa medo.
>
> A criança diz que conhece aquela mendiga como todo mundo entre Sadec e Vinh-Long, que ela vem do Laos, que o que canta são cantigas de ninar do Laos.
>
> Ele ri, diz:
>
> – Você está inventando... Como sabe disso?
>
> A criança sente medo. Está mentindo? Não sabe mais como soube daquilo, se está mentindo ou não, não sabe mais. Diz:
>
> – Creio que por Anne-Marie Stretter, ela conhece a língua do Laos, vem de lá, reconheceu as palavras das canções. Falou sobre isso com minha mãe uma vez... no Círculo... é isso.[46] (*ACN*, p.111-2)

---

45 *Dans le vide laissé par l'enfant une troisième musique se produit, entrecoupée de rires fous, stridents, de cris. C'est la mediante du Gange qui traverse le poste come chaque nuit. Pour toujours essayer d'atteindre la mer, la route de Chittagong, celle des enfants morts, des mendiants de l'Asie.*

46 *Le Chinois dit qu'il y en a une de ces mendiantes entre Vinh-Long et Sadec, la nuit, qui crie en riant, qui fait des discours, qui chante. Qui fait peur.*
L'enfant dit qu'elle connaît cette mendiante-là comme tout le monde entre Sadec et Vinh-Long, qu'elle vient du Laos, que ce qu'elle chante c'est des berceuses du Laos.
Il rit, il dit:
– Tu inventes... Comment tu sais ça?

Em várias passagens, certos episódios narrados em *L'amant* sofrem uma espécie de correção, como se estivessem sendo reavaliados. Quando são narrados os momentos que precedem a primeira relação sexual dos amantes, por exemplo, altera-se, retifica-se o que havia sido dito em *L'amant* a respeito do olhar:

> Olha-a primeiro como se estivesse esperando que ela falasse, mas ela não fala.[47] (*A*, p.47)

> Ela o olha. Não é ele que olha para ela. É ela que o faz.[48] (*ACN*, p.72)

As impressões da garota acerca dos barulhos da cidade que chegavam à *garçonnière* são reiteradas em *L'amant de la Chine du Nord*:

> O barulho da cidade estava tão próximo, tão perto que se podia ouvir seu atrito contra a madeira das persianas. Ouve-se como se ele atravessasse o quarto.[49] (*A*, p.55)

> No primeiro livro ela dissera que o barulho da cidade estava tão próximo que se ouvia seu atrito contra as persianas como se pessoas atravessassem o quarto. Que eles estavam naquele barulho público, expostos ali, *naquela passagem do exterior dentro do quarto*. Ela o diria novamente no caso de um filme, novamente, ou de um livro, novamente, sempre o diria. E novamente ela o diz aqui.[50] (*ACN*, p.81)

L'enfant a peur. Ment-elle? Elle ne sait plus comment elle sait ça, si elle ment ou non elle ne sait pas. Elle dit:

– Je crois par Anne-Marie Stretter. Elle connaît le laotien, elle vient du Laos, elle a reconnu les mots laotiens des chansons. Elle en a parlé à ma mère une fois... au Cercle... voilà.

47 *Il la regarde tout d'abord comme s'il attendait qu'elle parle, mais elle ne parle pas.*

48 *Elle le regarde. Ce n'est pas lui qui la regarde. C'est elle qui le fait.*

49 *Le bruit de la ville était si proche, si près, qu'on entend son frottement contre le bois des persiennes. On entend comme s'ils traversaient la chambre.*

50 *Dans le premier livre elle avait dit que le bruit de la ville était si proche qu'on entendait son frottement contre les persiennes comme si des gens traversaient la chambre. Qu'ils étaient dans ce bruit public, exposés là* dans ce passage du dehors dans la chambre. *Elle le dirait encore dans le cas d'un film, encore, ou d'un livre, encore, toujours elle le dirait. Et encore elle le dit ici.*

Mas a narrativa se constrói, em *L'amant de la Chine du Nord*, em terceira pessoa. Aproximando-se da linguagem cinematográfica, o narrador coloca-se em posição de espectador, assumindo uma aparente impessoalidade. Ocorre *desembreagem enunciva*, pois se percebe a projeção do *ele*. A personagem é designada, do começo ao final do livro, por *elle*, ou *l'enfant*, sem que ocorram oscilações de pronomes. O trecho transcrito a seguir parece revelar um desejo de tornar evidente a separação entre narrador e personagem: "Diante de nós alguém caminha. Não é esta que fala" (*ACN*, p.18).[51]

Mas nessa narrativa em terceira pessoa, a memória continua se fazendo presente:

> E um dia ela se lembrara: ela reencontrara a imagem intacta do baile.[52] (*ACN*, p.155)

> Ela se lembra do ressoar da chuva na galeria esmagando o corpo sem atingi-lo, daquele bem-estar súbito do corpo libertado da dor.[53] (*ACN*, p.193)

E a memória da personagem não se restringe aos fatos, mas refere-se também aos escritos, aos livros. Comparem-se os mesmos acontecimentos, narrados em *L'amant* e evocados em *L'amant de la Chine du Nord* enquanto fatos e enquanto escritura:

> A pele é de uma suntuosa doçura.[54] (*A*, p.49)

> Ela dizia lembrar-se do medo. Assim como se lembrava da pele, de sua suavidade.[55] (*ACN*, p.80)

> O mar, sem forma, simplesmente incomparável.[56] (*A*, p.50)

---

51 *Devant nous quelqu'un marche. Ce n'est pas celle qui parle.*

52 *Et puis un jour elle s'en était souvenue: elle avait retrouvé l'image intacte du bal.*

53 *Elle se souvient de la résonance de la pluie dans la galerie qui écrasait le corps sans l'atteindre, cette aise soudaine du corps libéré de la douleur.*

54 *La peau est d'une somptueuse douceur.*

55 *Elle disait se souvenir de la peur. Comme elle se souvenait de la peau, de sa douceur.*

56 *La mer, sans forme, simplement incomparable.*

> Ela se lembra. É a última a ainda lembrar-se. Ainda ouve o barulho do mar no quarto. De ter escrito isso ela se lembra também, como o barulho da rua chinesa. Lembra-se até mesmo de ter escrito que o mar estava presente naquele dia no quarto dos amantes. Ela escrevera as palavras: o mar e duas outras palavras; a palavra: simplesmente, e a palavra: incomparável.[57] (*ACN*, p.81)

A personagem de *L'amant de la Chine du Nord* recorda-se não apenas dos acontecimentos em si, mas de tê-los escrito ("Lembrava-se até mesmo de ter escrito..."). Mais uma vez os níveis enunciativos misturam-se. A personagem de *L'amant de la Chine du Nord*, ao ser apresentada como narradora de determinados episódios, como fonte enunciativa de frases e palavras perfeitamente identificáveis em *L'amant*, identifica-se com a narradora/personagem deste último. Analisada segundo esse prisma, a *desembreagem enunciva* de *L'amant de la Chine du Nord* pode ser encarada, em relação a *L'amant*, como uma operação de *embreagem*, ou melhor, de *macroembreagem*, uma vez que a neutralização ultrapassa os limites do texto, realizando-se no plano intertextual. Levada em conta, pois, a reescritura, o narrador que se esconde sob o *elle* de *L'amant de la Chine du Nord* não constitui uma terceira pessoa de fato, mas o mesmo sujeito que diz *je* em *L'amant*. Desse modo, o efeito autobiográfico produzido em *L'amant* estende-se a *L'amant de la Chine du Nord*. Melhor dizendo, ao revelar-se como reescritura, *L'amant de la Chine du Nord* reivindica o efeito autobiográfico de *L'amant*.

A relação intertextual se faz notar também em algumas notas de rodapé que aparecem ao longo do texto. Já foram abordadas neste estudo as notas que funcionam como indicações cênicas, conferindo ao texto um certo caráter de roteiro cinematográfico. Há, entretanto, outra categoria de notas de rodapé: as que remetem a livros de Marguerite Duras anteriores a *L'amant de la Chine du Nord*. São citadas abaixo as passagens mais expressivas quanto

---

57 *Elle se souvient. Elle est la dernière à se souvenir encore. Elle entend encore le bruit de la mer dans la chambre. D'avoir écrit ça, elle se souvient aussi, comme le bruit de la rue chinoise. Elle se souvient même d'avoir écrit que la mer était présente ce jour-là dans la chambre des amants. Elle avait écrit les mots: la mer et deux autres mots: le mot: simplement, et le mot: incomparable.*

a esse aspecto; são reproduzidos os textos em si acompanhados das notas que a eles se referem:

> Ela está contando a história de sua vida ... Diz que conta freqüentemente essa história...
>
> – Não faz mal que você não escute. Você pode até dormir. Contar essa história significa para mim escrevê-la mais tarde. Não posso deixar de fazê-lo. Um dia escreverei isto: a vida de minha mãe.*
>
> A aposta foi mantida: *Un barrage contre le Pacifique*.[58] (*ACN*, p.101)

> Ela diz que a mãe e o irmão mais velho estão chegando no B12.*
>
> *O B12 não está a "ruína" de *Barrage contre le Pacifique*. Aqui, ele está estragado, é verdade, mas não faz tanto barulho, não enfumaça as ruas do interior, não é um objeto de curiosidade.[59] (*ACN*, p.157)

Gérard Genette (1987, p.305) observa que uma das funções da nota de rodapé em um texto de ficção consiste em marcar aspectos não ficcionais do texto. No caso de *L'amant de la Chine du Nord*, as notas não assinalam efetivamente aspectos não ficcionais, mas ressaltam um efeito autobiográfico que se consolida na relação intertextual. Elas confundem os níveis do enunciador e da personagem. A personagem de *L'amant de la Chine du Nord* é dada como autora de certos livros. A primeira das notas transcritas revela que o projeto de escrever sobre a vida da mãe fora realizado em *Un barrage contre le Pacifique*. Tal recurso, além de ressaltar o aspecto autobiográfico de *Un barrage* (escrito por alguém que viveu a história), apresenta a personagem, actante do nível do interlocutor/interlocutário, como enunciador, identificando-a assim ple-

---

58 *Elle raconte l'histoire de sa vie. ... Elle lui dit qu'elle raconte souvent cette histoire...*

*– Ça fait rien que tu n'écoutes pas. Tu peux même dormir. Raconter cette histoire c'est pour moi plus tard l'écrire. Je ne peux pas m'empêcher. Une fois j'écrirai ça: la vie de ma mère.**

**Le pari a été pas tenu:* Un barrage contre le Pacifique.

59 *Elle dit que la mère et le frère aîné arrivent dans la B12**

**La B12 n'est pas la "ruine" du* Barrage contre le Pacifique. *Ici, elle est esquintée, certes, mais elle ne pétarade pas, elle n'enfume pas les rues des postes de brousse, elle n'est pas un objet de curiosité.*

namente com a narradora/personagem de *L'amant*. Cria-se, desse modo, uma espécie de sujeito comum ao conjunto dos textos, que seria responsável pelas obras desse mesmo ciclo de reescritura: *Un barrage contre le Pacifique*, *L'Éden cinéma*, *L'amant* e *L'amant de la Chine du Nord*.

UM SUJEITO DO AUTOBIOGRÁFICO E DA REESCRITURA

Mireille Calle-Gruber, ao comentar *L'amant*, chama a atenção para a oscilação do livro entre autobiografia e *autografia*: "Assim o livro oscila entre autobiografia e autografia: entre a história de minha vida e a história de meus escritos" (1986, p.107). A *autografia* compreenderia a relação de intertextualidade, os outros romances durassianos inscritos no texto de *L'amant*. M. Calle-Gruber enxerga, na emergência dessa *autografia*, um sentido duplo e paradoxal: ao mesmo tempo que produz uma desconstrução do efeito autobiográfico, constitui a própria prova da autobiografia:

> O texto romanesco, efetivamente lugar de ficção, é por excelência esse lugar de invenção, onde *existo por aquilo que crio*. Compreende-se então o papel que desempenha certa desconstrução do efeito autobiográfico (de autenticidade, de identidade) pelo de ficção, e mais ainda pela intertextualidade constituída pelas diferentes obras ... Produz-se assim o efeito de uma *reescritura*: de uma incansável decifração dos fantasmas pela escritura-cena-do-imaginário. Paradoxalmente, é, portanto, a referência à obra anterior que constitui a prova da autobiografia e autoriza tal assimilação: uma vez que são textos da *escritora*, há confidências da autora. (Ibidem, p.112-3)

A *autografia*, ou o que está sendo chamado neste estudo de reescritura explícita, ao mesmo tempo que chama a atenção para o caráter de criação artística, consolida o efeito autobiográfico, pois edifica a imagem de um enunciador comum ao conjunto dos textos, projeta a figura de um sujeito do autobiográfico e da reescritura.

Os quatro textos aqui estudados, pela relação intertextual que os une, criam o próprio sujeito que os enuncia. O *eu* que se desnuda em *L'amant* esconde-se e mostra-se nos outros textos, adota máscaras, fragmenta-se, e somente na visão de conjunto unifica-se, revela-se enquanto consciência única passeando entre os textos, tecendo a escritura.

Em *L'amant* e em *L'amant de la Chine du Nord*, esse sujeito do autobiográfico e da reescritura, ou, para plagiar um termo utilizado por Mireille Calle-Gruber, esse sujeito do autobiográfico e do *autográfico*, apresenta-se como escritor ao falar do desejo, ou mesmo da necessidade, de escrever. A narradora de *L'amant* apresenta-se como alguém que escreve livros sobre sua juventude, sua família, sua vida, e deixa que se entrevejam nesses livros *Un barrage contre le Pacifique* e *L'Éden cinéma*, além de outros textos da produção durassiana. E demonstra o desejo de escrever, presente desde a adolescência narrada:

> Quero escrever. Já disse à minha mãe: o que eu quero é isso, escrever.[60] (*A*, p.29)

> Estou ainda nessa família, é com ela que vivo, com exclusão de qualquer outro lugar. É na sua aridez ... que me sinto mais profundamente segura de mim mesma, no âmago de minha certeza essencial, a saber que mais tarde escreverei.[61] (*A*, p.93)

> Vou escrever livros. É o que eu vejo além do instante, no grande deserto sob cujos traços me aparece a extensão de minha vida.[62] (*A*, p.126)

A personagem de *L'amant de la Chine du Nord*, protagonista da mesma história, realização do mesmo sujeito, manifesta o mesmo desejo de escrever:

> – Você escreverá sobre o que quando fizer livros?...
> – Sobre Paulo. Sobre você. Sobre Pierre também, mas aí será para fazê-lo morrer.[63] (*ACN*, p.25)

---

60 *Je veux écrire. Déjà je l'ai dit à ma mère: ce que je veux, c'est ça, écrire.*

61 *Je suis encore dans cette famille, c'est là que j'habite à l'exclusion de tout autre lieu. C'est dans son aridité ... que je suis plus profondément assurée de moi-même, au plus profond de ma certitude essentielle, à savoir que plus tard j'écrirai.*

62 *Je vais écrire des livres. C'est ce que je vois au-delà de l'instant, dans le grand désert sous les traits duquel m'apparait l'etendue de ma vie.*

63 *– Tu écriras sur quoi quand tu feras des livres?*
...
– Sur Paulo. Sur toi. Sur Pierre aussi, mais là ce sera pour le faire mourir.

> A criança falará mais tarde de um país indeciso, de infância, dos Flandres tropicais quase não libertos do mar.[64] (*ACN*, p.49)

> Um dia escreverei isso.[65] (*ACN*, p.101)

No caminho que se traça entre *Un barrage contre le Pacifique*, *L'Éden cinéma*, *L'amant* e *L'amant de la Chine du Nord*, não apenas o sujeito produz o texto, mas o texto produz o sujeito. Melhor dizendo, os textos, relacionando-se, repetindo-se e integrando um só conjunto, fazem emergir a imagem de seu próprio sujeito produtor. E a relação que se estabelece entre os textos pela reescritura, mais que intertextualidade, parece inscrever-se nos domínios da *hipertextualidade*, conceito definido por Gérard Genette:

> Entendo aí toda relação unindo um texto B (que chamarei de hipertexto) a um texto anterior A (que chamarei, é claro, de hipotexto) no qual ele se implanta de uma maneira que não é a do comentário. (1982, p.11-2)

O hipertexto é, pois, todo texto que deriva de um texto anterior por transformação simples ou por imitação (transformação indireta). Mesmo que o texto B não fale diretamente de A, não poderia existir sem ele. G. Genette atenta para um certo caráter universal da hipertextualidade na literatura: não há obra literária que, em algum grau e segundo as leituras, não evoque alguma outra obra.

A hipertextualidade é um componente da *transtextualidade* (transcendência textual, tudo o que relaciona o texto a outros textos), que engloba também a intertextualidade, a paratextualidade, a metatextualidade (relação de comentário) e a arquitextualidade. Já se fez referência, neste estudo, a alguns desses termos. G. Genette observa que esses cinco tipos de transtextualidade não constituem categorias estanques, mas comunicam-se, relacionam-se.

Em Marguerite Duras, embora a relação entre os textos situe-se mais claramente no terreno da intertextualidade, não há como não

64 *L'enfant, elle parlera plus tard d'un pays indécis, d'enfance, des Flandres tropicales à peine délivrées de la mer.*

65 *Une fois j'écrirai ça.*

pensar em hipertextualidade. Seria, no entanto, uma hipertextualidade um tanto quanto particular, pois se produz entre textos da mesma autora. Os quatro livros aqui estudados não se ligam, logicamente, por imitação, mas por transformação; cada texto transforma o(s) precedente(s), e os quatro seriam hipertextos possíveis de um só hipotexto. O problema que se coloca, então, e que parece permanecer insolúvel, é o de definir tal hipotexto. Qual seria o hipotexto de tantos hipertextos? Seria *Un barrage contre le Pacifique*, o primeiro dos quatro livros? Ou seria *L'amant*, verdadeiro ponto-chave do conjunto de textos, em relação ao qual *Un barrage contre le Pacifique* e *L'Éden cinéma* seriam transformações antepostas? Ousamos acreditar que o verdadeiro hipotexto seja o conjunto da obra, um texto primeiro e absoluto do qual cada livro seria uma realização possível.

Na trajetória da escritura de Marguerite Duras, um texto se refere a outro, num processo de intertextualidade que parece infinito. E, por um exercício de reinterpretação, cada texto transforma o outro, reescreve-o. Realizar essa reescritura é situar-se no domínio da hipertextualidade; explicitar essa reescritura por meio de marcas identificáveis no enunciado é realizar relações intertextuais. E nesse caminho transtextual da obra de Marguerite Duras o conjunto dos textos e suas relações projetam a idéia de um texto gerador, implícito, que se realizaria de maneira diferente a cada texto concreto.

Cada um dos livros que compõem a obra de Marguerite Duras é um dos possíveis da escritura, um passo em uma grande busca, a busca do texto ideal, absoluto. Os textos que podemos ler seriam experiências, tentativas de chegar a esse texto absoluto, realizações possíveis do mesmo.

CONCLUSÃO

Em Marguerite Duras, escrever é caminhar, procurar, experimentar, percorrer as trilhas da palavra. Passear por entre meios de expressão, criando uma linguagem única que nasce da diversidade. Linguagem uniforme e multiforme ao mesmo tempo; múltipla nas muitas linguagens que a compõem (cinematográfica, romanesca, teatral...), única na perfeita articulação dessa pluralidade de meios, gerando um todo livre de fronteiras genéricas.

No caminhar constante da palavra (palavra romanesca, teatral, cinematográfica e, ainda assim, coesa no trabalho conjunto de tantas linguagens) que atravessa os quatro livros por nós estudados, a preocupação que se sobrepõe é, antes de tudo, narrativa. Narrar muitas vezes e de muitas maneiras, narrar recriando os próprios fatos narrados, narrar experimentando possibilidades.

A memória, adjuvante da narrativa, em especial em *L'amant*, faz crer que *narrar é recordar*. A presentificação de momentos do passado aprofunda essa concepção, demonstrando que, mais que recordar, *narrar é reviver*. Todavia, a memória não é pura. Elementos ficcionais recriam as lembranças, e o passado evocado e revivido banha-se na imaginação. Mais que recordar, portanto, mais que reviver, *narrar é reinventar*.

E narrar é também, e principalmente, narrar *de novo*. Dizer *de novo*, de maneira nova, as mesmas coisas. A mesma história, inúmeras vezes repetida. Repetida? Recriada. Reinterpretada. *Sempre* a mesma história, *nunca* a mesma. Não é jamais a mesma, como diz a personagem de Hélène Lagonelle, em *L'amant de la Chine du Nord*, ao pedir à personagem central que conte outra vez a história de sua família. Os mesmos acontecimentos são reinterpretados a cada nova narração. A própria escritura é revista. A busca incessante em que se constitui a produção de Marguerite Duras está constantemente reinterpretando vida e obra, acontecimentos e enunciação dos mesmos. O movimento que se desenha é o de um eterno retorno às origens – do viver e do escrever – um infinito recomeçar, intermináveis reconstruções. A mãe, uma das mais significativas personagens no fascinante universo da criação durassiana, constrói incansavelmente suas barragens contra o Pacífico, num esforço que lembraria o de Sísifo a empurrar sua pedra rochedo acima, não fosse pela esperança que a faz acreditar no sucesso de sua tarefa. Assim como a mãe, o gesto de escritura de Marguerite Duras também se baseia em infinitos recomeços, em construções e reconstruções, em blocos de pedras (ou palavras) levantados em direção a um oceano. Mas as barragens da mãe sucumbem, e a esperança morre. A escritura de Duras, no entanto, permanece, solidifica-se nos muitos possíveis representados pelos textos.

Mais que recordar, mais que reviver ou reinventar, *narrar é reinterpretar*, realizar, a cada texto, uma possibilidade da escritura. Os textos escolhidos para análise neste estudo constituem um único conjunto que se realiza de diferentes maneiras. E esse conjunto projeta a idéia de um enunciador, um sujeito subentendido que perpassa os quatro textos, divide-se em muitas instâncias, ao mesmo tempo que congrega todas elas. Esse sujeito, fragmentado e único, pode ser visto como a instância que atravessa o universo durassiano, personagem e criador, fonte única de todos os possíveis da escritura, dividido em cada um desses possíveis. Na imagem desse sujeito, mais uma vez se percebe a tensão constitutiva da produção de Marguerite Duras: multiplicidade e unicidade. Um todo único fragmenta-se em múltiplos traços; múltiplos traços integram um todo único.

A escritura realiza inúmeras experiências, tentativas, reconstruções... É como se os vários textos fossem múltiplos reflexos de um texto único, absoluto, implícito, que se concretiza de diversos modos. Cada texto é um possível do mesmo livro, um componente da mesma busca. Assim, reescrever é buscar as possibilidades da escritura.

Ler Duras é igualmente realizar uma busca. A busca da leitura será infinita, o quão infinita for a da escritura. Desse modo, não temos a pretensão de apresentar conclusões definitivas, nem tampouco de decifrar as complexas trilhas pelas quais se envereda o dizer na obra de Marguerite Duras. Este estudo procurou realizar uma leitura possível dessa escritura que se constrói justamente sobre os possíveis. Escolhemos percorrer um dos muitos caminhos de fascínio e de obsessão que constituem esse universo múltiplo e único no qual os textos não são barragens destinadas a conter algo, mas portas, aberturas de uma obra que permanece, convidando a novas buscas, mesmo quando se diz *C'est tout*: "Y. A.: Quem se lembrará de você? M. D.: Os jovens leitores" (*CT*, p.11).[1]

1 *Y. A.: Qui va se souvenir de vous?*
M. D.: Les jeunes lecteurs.

REFERÊNCIAS BIBLIOGRÁFICAS

ARMEL, A. *Marguerite Duras et l'autobiographie*. Paris: Le Castor Astral, 1996.

BARKO, I., BURGESS, B. *La dynamique des points de vue dans le texte de théâtre*. Paris: Lettres Modernes, 1988.

BARROS, D. L. P. de. *A festa do discurso*: teoria do discurso e análise de redações de vestibulandos. São Paulo, 1985. 2 v. Tese (Livre-Docência em Lingüística) – Faculdade de Filosofia, Letras e Ciências Humanas, Universidade de São Paulo.

______. *Teoria semiótica do texto*. São Paulo: Ática, 1990.

BARTHES, R. Littérature et signification. In: ______. *Essais critiques*. Paris: Seuil, 1964. (Coll. Tel Quel)

BENVENISTE, E. *Problèmes de linguistique générale II*. Paris: Gallimard, 1974.

BORGOMANO, M. L'histoire de la mendiante indienne. Une cellule génératrice de l'oeuvre de Marguerite Duras. *Poétique*, v.48, p.479-93, nov.1981.

CALLE-GRUBER, M. Porquoi n'a-t-on plus peur de Marguerite Duras? *Littérature*, v.63, p.104-19, 1986.

DÄLLEMBACH, L. Intertexto e autotexto. In: DÄLLEMBACH, L. et al. *Intertextualidades*. Coimbra: Almedina, 1979.

DUCROT, O. *Princípios de semântica lingüística*. Dizer e não dizer. Trad. Carlos Vogt, Rodolfo Ilari e Rosa Attié Figueira. São Paulo: Cultrix, 1977.

_____. *O dizer e o dito*. Campinas: Pontes, 1987.

DURAS, M. *Un barrage contre le Pacifique*. Paris: Gallimard, 1950.

_____. *L'Éden cinéma*. Paris: Mercure de France, 1977.

_____. *L'amant*. Paris: Les Éditions de Minuit, 1984.

_____. *L'amant de la Chine du Nord*. Paris: Gallimard, 1991.

_____. *Écrire*. Paris: Gallimard, 1993.

_____. *C'est tout*. Paris: POL, 1995.

FACHIN, L. Teatro contemporâneo de expressão francesa. *Itinerários*, v.6, p.111-31, 1993.

FIORIN, J. L. *As astúcias da enunciação*: as categorias de pessoa, espaço e tempo. São Paulo: Ática, 1996.

GENETTE, G. *Figures III*. Paris: Seuil, 1972.

_____. *Discurso da narrativa*. Trad. Fernando Cabral Martins. Lisboa: Vega, s. d.

_____. *Palimpsestes*. La littérature au second degré. Paris: Seuil, 1982.

_____. *Seuils*. Paris: Seuil, 1987.

GIRARD, G., OUELLET, R., RIGAULT, C. *O universo do teatro*. Coimbra: Almedina, 1980.

ISSACHAROFF, M. *Le spectacle du discours*. Paris: Librairie José Corti, 1985.

KOWZAN, T. Os signos no teatro – introdução à Semiologia da Arte do Espetáculo. In: GUINSBOURG, J. et al. *Semiologia do teatro*. São Paulo: Perspectiva, 1978, p.7-23.

LASSINE, P. Marguerite Duras. In: LASSINE, P., DENEFFE, M., BARETTE, D. *Marguerite Duras – Michel Tournier – Albert Cohen*. Bruxelles: Didier Hatier, 1986.

LEJEUNE, P. Le pacte autobiographique. *Poétique*, v.14, p.137-62, 1973.

_____. Le pacte autobiographique (bis). *Poétique*, v.56, p.416-34, nov.1983.

LEONE, E., MOURÃO, M. D. *Cinema e montagem*. São Paulo: Ática, 1987.

LIGOT, M.-T. *Un barrage contre le Pacifique de Marguerite Duras*. Paris: Gallimard, 1992.

LIMAN-TNANI, N. *Roman et cinéma chez Marguerite Duras*: une poétique de la spécularité. Tunis: ALIF, Les Éditions de la Méditerranée, 1996.

MAINGUENEAU, D. *Pragmática para o discurso literário*. Trad. Marina Appenzeller. São Paulo: Martins Fontes, 1996.

PERRONE-MOISÉS, L. "O Amante" foi o livro de maior sucesso. *Folha de S.Paulo*, São Paulo, 4 mar., 1996. Ilustrada, p.4.

PINTO, M. C. M. A reescritura autobiográfica na obra de Marguerite Duras. In: HEISE, E. (Org.) *Facetas da pós-modernidade*. A questão da modernidade. São Paulo: Departamento de Letras Modernas. Universidade de São Paulo, 1996a. p.221-6.

_____. As Índias possíveis e impossíveis: Marguerite Duras e o Oriente. In: HEISE, E. (Org.) *Facetas da pós-modernidade*. A questão da modernidade. São Paulo: Departamento de Letras Modernas. Universidade de São Paulo, 1996b. p.155-8.

_____. Marguerite Duras e a pós-modernidade. In: HEISE, E. (Org.) *Facetas da pós-modernidade*. A questão da modernidade. São Paulo: Departamento de Letras Modernas. Universidade de São Paulo, 1996c. p.79-83.

PRINCE, G. Introduction à l'étude du narrataire. *Poétique*, v.14, p.178-96, 1973.

_____. Introdução ao estudo do narratário (1). Trad. Cláudia Maria Xatara e Wanda Aparecida Leonardo de Oliveira. *Glotta*, v.16, p.1-45, 1994-1995.

RISSET, J. Duras encore. *Le Monde*, Paris, 8 mars 1996.

TALPIN, J.-M. La fonction psychique du lecteur dans la poétique durassienne. In: VIRCONDELET, A. (Org.) *Marguerite Duras*. Rencontres de Cérisy. Paris: Écriture, 1994. p.117-41.

UBERSFELD, A. *Lire le théâtre*. Paris: Éditions Sociales, 1978.

VELVIC-CANIVEZ, M. Le pacte autobiographique et le destinataire. *Poétique*, v.110, p.239-53, 1997.

VIRCONDELET, A. Marguerite Duras "condamnée à écrire". In: _____. (Org.) *Marguerite Duras*. Rencontres de Cérisy. Paris: Écriture, 1994. p.273-88.

1700,

SOBRE O LIVRO

Formato: 14 x 21 cm
Mancha: 23 x 43 paicas
Tipologia: Classical Garamond 10/13
Papel: Offset 75 g/m² (miolo)
Cartão Supremo 250 g/m² (capa)
1ª edição: 2002

EQUIPE DE REALIZAÇÃO

Produção Gráfica
Sidnei Simonelli

Edição de Texto
Nelson Luís Barbosa (Assistente Editorial)
Ana Paula Castellani (Preparação de Original)
Renato Potenza Rodrigues e
Ana Luiza Couto (Revisão)

Editoração Eletrônica
Lourdes Guacira da Silva Simonelli (Supervisão)
Luís Carlos Gomes (Diagramação)